Comentarios acerca de la autora

Haydee es mi gran amiga. Una amiga en toda la extensión de la palabra; ella es un gran ser humano y una madre abnegada. En la trayectoria de mi vida he conocido muy pocas mujeres como ella y me ha demostrado con hechos el gran corazón que tiene y la bondad que alberga en él.

Ella le ha dado sentido a la palabra amistad, pues lo demuestra una y otra vez, estando siempre ahí, en el lugar y momentos precisos. Cuando más la he necesitado me ha brindado su apoyo y amistad incondicional.

A lo largo de nuestra amistad aprendimos a ser confidentes y a valorarnos. Para mí es un inmenso placer contar con su apoyo, su alegría y su amistad. Es una persona sencilla que ama a Dios y, para mí, ella es un gran ejemplo a seguir.

En su libro le deseo todas las bendiciones del Todopoderoso y sé que se ha ganado, con gran mérito, toda la dicha y paz del cielo. ¡Arriba, amiga! Felicitaciones por tu libro y sé que nos va a ayudar y a servir mucho a todos los que tengamos el privilegio de enriquecernos espiritualmente con él.

— **Maritza G. Wisse**

Haydee, dicen que los ángeles son las criaturas más bellas del mundo; eso eres tú, un ángel y el instrumento que Dios tiene aquí en la Tierra para llegar a los corazones necesitados. Tú siempre estás en el lugar y momento preciso donde más te necesitan.

Gracias por ser una amiga transparente y siempre estar presente en mis momentos difíciles. Tu amistad y cariño es el regalo más especial que un ser humano pueda disfrutar.

Estas palabras salieron de un rinconcito especial que tú ocupas en mi corazón. Te deseo buena suerte y grandes bendiciones con tu libro. Y recuerda que una fuerza Divina (Dios) guía cada uno de tus pasos.

— **Violeta Reynoso**

En este mundo moderno hay mujeres que reflejan la gracia y el amor de Dios, que viven una vida con valores cristianos y que, a pesar de las ocupaciones cotidianas, encuentran tiempo para compartir el mensaje de su palabra. Esa eres tú, Haydee, ¡una gran mujer que vive una vida llena de fe y amor! Bendiciones y felicidades con el alumbramiento de tu libro.

— **Astrid Rodríguez**

No te deseo suerte porque ya tienes la bendición del Creador, que es más importante. Adelante, te quiero mucho, pequeña David; el mundo es tu Goliat, lánzale tu libro y vencerás por amor... éste nunca falla.

Conozco a Haydee desde hace 12 años. ¡Podría decir que sólo la conozco como especialista en el cuidado del cabello y mentiría! Todo el que la conoce capta de inmediato su sensibilidad espiritual, el respeto por las creencias ajenas, lo que, en mi concepto, la convierte en un ser con amplio conocimiento de la palabra de Dios.

Ella es una cajita de virtudes a quien considero que tiene una amplia capacidad literaria y espiritual que transmitir a través de su libro, así como sus propias experiencias y un deseo de ayudar a todo aquel que necesite de una luz para seguir un camino correcto y lleno de amor. Pues bien, aquí está la obra de Haydee, producto de su experiencia, su fe y su alto sentido de amor al prójimo, sin importar la religión que practique. «Ustedes ven, que el hombre ha sido declarado justo por sus obras, y no por fe solamente», Santiago 2:24.

— **Militza Segura-Landrau, BMSc,** Autora-periodista

Haydee es de esas personas que llega a tu vida, hace huella y se queda. Cuando ella te brinda su amistad establece una conexión que no se pierde nunca. Si por alguna circunstancia se aleja físicamente, cuando menos te imaginas, de una u otra manera, aparece y vuelve a protagonizar momentos en tu vida.

Es una mujer luchadora, emprendedora, perseverante, hiperactiva.... Siempre buscando algo para estar mejor física y espiritualmente. Tiene la capacidad de convertir la adversidad en fortaleza, y por eso en su recorrido por la vida ha sabido tomar grandes decisiones de trasformación y crecimiento.

Es muy agradecida de la vida, y su matrimonio con Dios es muy sólido e incondicional. Su capacidad de dar a los demás todo lo que tiene la motivó a regalarnos este libro, en el que abre su corazón y comparte con todos los grandes momentos de su vida; en muchos de los cuales le tocó enfrentar situaciones adversas que supo convertir en oportunidades para acercarse a Dios y crecer como persona.

Dios te bendiga y consolide este libro como un éxito más en tu vida.

— **José Brito**

Haydee, por la naturaleza de tu país de origen siempre te he llamado Chama; con mucho cariño te llamo así. Siempre has reconocido que tu fortaleza para continuar cada paso de tu vida viene de Dios. Eso te hace mujer de fe, como en todo lo que haces en tu vida. Dios te ha dado la inspiración para que cada página de este libro sea un testimonio tuyo. Bendecidos serán los que lean tus testimonios en este libro. Me has dado tu fortaleza en momentos difíciles de mi vida. Pero sobretodo has sido una gran amiga-hermana. He visto cómo tu fe se ha sostenido ante tantas situaciones que has vivido. No permites que la debilidad predomine, pues reconoces a Dios en todo momento. Soy bendecida por conocerte todos estos años y por los años que vienen adelante. Deseo que continúes tejiendo con estilo cada hilito que une nuestra amistad. Bendiciones siempre.

— **Verónica López**

"JESÚS NUNCA SE DIO PRISA POR SABER QUÉ OPINABAN LOS DEMÁS. ÉL QUERÍA SABER UNICAMENTE LO QUE DIOS PADRE PENSABA".

SALMO 27

Jehová es mi luz y mi salvación;
¿de quién temeré?
Jehová es la fortaleza de mi vida; ¿de
quién he de atemorizarme?

Cuando se juntaron contra mí los
malignos, mis angustiadores y
mis enemigos, para comer mis carnes,
ellos tropezaron y cayeron.

Aunque un ejército acampe
contra mí, no temerá mi corazón;
aunque contra mí se levante guerra,
yo estaré confiado.

Una cosa he demandado a Jehová,
esta buscaré; que esté yo en la casa de Jehová
todos los días de mi vida, para contemplar la
hermosura de Jehová, y para inquirir en su templo.

Porque él me esconderá en su
tabernáculo en el día del mal;
me ocultará en lo reservado de su morada;
sobre una roca me pondrá en alto.

Luego levantará mi cabeza sobre mis
enemigos que me rodean,
y yo sacrificaré en su tabernáculo
sacrificios de júbilo;
cantaré y entonaré alabanzas a Jehová.

Oye, oh Jehová, mi voz con que a
ti clamo; ten misericordia de mí,
y respóndeme.
Mi corazón ha dicho de ti:
Buscad mi rostro.
Tu rostro buscaré, oh Jehová;
no escondas tu rostro de mí.

No apartes con ira a tu siervo:
mi ayuda ha sido.
No me dejes ni me desampares,
Dios de mi salvación.
Aunque mi padre y mi madre me dejaran,
con todo, Jehová me recogerá.
Enséñame, oh Jehová, tu camino,
y guíame por senda de rectitud
a causa de mis enemigos.
No me entregues a la voluntad de
mis enemigos.
Porque se han levantado contra mí
testigos falsos, y los que
respiran crueldad.

Hubiera yo desmayado, si no
creyese que veré la bondad
de Jehová en la tierra de los vivientes.
Aguarda a Jehová;
Esfuérzate, y aliéntese tu corazón;
sí, espera a Jehová.

Iluminación
DE MI
CA
MI
NO

Haydee

ISBN: 978-1-63765-149-0
LCCN: 2021923374

ꭹola
PUBLISHING
INTERNACIONAL

Hola Publishing Internacional
www.holapublishing.com

Impreso y encuadernado en los Estados Unidos de América

Dedicatoria

Quiero dedicar este libro con todo mi corazón a nuestro Padre Celestial (ABBÁ), mi Papito lindo, quien es la razón de mi existencia y mi inspiración divina-sobrenatural a través del Espíritu Santo. Él me ha dado la fuerza del búfalo y las alas del águila para volar alto, renovarme cada día, seguir adelante y superar cualquier obstáculo, por más grande que sean. A mi madre, que admiro, respeto y amo con todo mi corazón por haberme traído al mundo; a mis hijos, Iván y Maykelin, que también han sido mi empuje principal, mi inspiración y motivo para seguir adelante, ellos son el tesoro más grande que Dios me ha dado después de Él.

Índice

Introducción

Doy gracias a Dios por haberme permitido escribir este libro y que a través de todos mis años Él haya sido mi inspiración para así poder compartir un poco acerca de mi vida. He sabido enfrentar cualquier obstáculo que se me ha cruzado en mi camino, siendo esto posible sólo con la ayuda y fuerza espiritual y sobrenatural del Señor mi Dios.

Dios ha colocado este sentir en mi corazón para compartirlo con ustedes y espero que sea de mucha ayuda y bendición. Sé que así como yo hay muchas personas que se hunden en el fango, el dolor y la desesperación sin poder salir y hasta llegan a caer en lo profundo del abismo. Creo con todo mi corazón que si Dios me ayudó a mí también lo hará con usted.

Es necesario que entiendan el objetivo, enfoque, dirección y eje principal de este libro: ¡Dios! Él es el centro de nuestras vidas y el único camino para vencer los obstáculos, ya que debemos saber perdonar y entregarle todas nuestras necesidades, sed de justicia y venganza a Dios para así ser liberados de las garras del enemigo (la oscuridad de las tinieblas). Espero que Dios le ministre, bendiga y guíe cuando lea este libro y que si está pasando por situaciones iguales o similares a las que yo he pasado, pueda poner en práctica todos los conocimientos que en él se encuentran y aplicarlos hoy. No lo dude, hágalo y su vida será renovada y transformada totalmente, dándole toda la gloria y honra a nuestro Padre Celestial. Quiero enfatizar que todo esto ha sido posible por "el amor de Dios derramado en mi vida", la confianza en mí y por eso que testifico en su nombre, sabiendo que Él es Dios Supremo. Dice su palabra dice que Dios es amor. Sólo Él puede limpiar y cambiar nuestros corazones.

"Crea en mí, oh Dios, un corazón limpio, y renueva un espíritu recto dentro de mí".

Reina Valera, 1960, Salmos 51:10.

El rey David oró con angustia de su alma y quebranto de corazón, así debe ser nuestra relación con Dios en todo tiempo.

"Jehová se manifestó a mí hace ya mucho tiempo, diciendo: Con amor eterno te he amado; por tanto, te prolongué mi misericordia".

Reina Valera, 1960, Jeremías 31:3.

¡La Gloria del Señor sea derramada siempre sobre todos nosotros! Atesoremos el regalo de nuestro papito, ABBÁ.

Prólogo

Hoy en día hay personas que aún se encuentran atadas, sin orientación y perdidos en el umbral del abismo. Y muchas veces se preguntan qué están haciendo con sus vidas. Precisamente si usted está luchando con pensamientos de: suicidio temor, complejos, rencor, ira, contienda, rechazo, inseguridad, amargura, mentira, odio hacia los demás, rebeldía, orgullo, alcohol, droga, prostitución, adulterio, depresión, abuso, falta de perdón, brujería, entre otros, ¡este mensaje es para usted! Así es, el propósito de este libro es que podamos salir de todas esas ataduras, esclavitud y mentiras del mundo de las tinieblas y de esta manera entregar nuestra vida a Dios y dejar que Él sea nuestro guía. Recuerda que siempre vamos a enfrentar tropiezos, dificultades y oposiciones en todo lo que emprendamos, pero Él nos ha llamado a luchar por lo que nos pertenece.

¡Dios siempre tiene el control! Es cierto que podemos ser libres de todas las asechanzas y obras de maldad.

Hay que despreciar lo malo y amar lo justo o bueno sabiendo que en Dios "todo esto es posible". Para Él nada es imposible y debemos confiar que seremos más que vencedores.

"Jesús le dijo: Si puedes creer, al que cree todo le es posible".

Reina Valera, 1960, Marcos 9:23.

"Antes, en todas estas cosas somos más que vencedores por medio de aquel que nos amó. Por lo cual estoy seguro de que ni la muerte, ni la vida, ni ángeles, ni principados, ni potestades, ni lo presente, ni lo por venir, ni lo alto, ni lo profundo, ni ninguna otra cosa creada nos podrá separar del amor de Dios, que es en Cristo Jesús Señor nuestro".

Reina Valera, 1960, Romanos 8:37-39.

Espero que este libro le sea de mucha ayuda y bendición si usted está pasando por algunas de estas tribulaciones, dificultades y momentos difíciles en su vida. Para los momentos en que creemos que Dios se encuentra lejos de nosotros y pensamos que todo está perdido, ¡les tengo una buena noticia! Él nunca está lejos de nuestros problemas y jamás es tarde para rectificar y tener una vida nueva en Él.

Dios nos ama demasiado y por eso nos disciplina y corrige. En toda clase de adversidades debemos buscar a Dios, y también a nosotros mismos, examinar nuestra vida y renunciar a todo lo que sea contrario a la santidad de Dios. Nuestra vieja manera de vivir debe ser cambiada, transformada y renovada; no debemos conformarnos y acomodarnos a las cosas de este mundo, así que renovemos nuestra mente y vieja manera de pensar. ¡Sólo con Él podemos regresar a su redil! Dios los bendiga.

"Porque el Señor al que ama disciplina, y azota a todo el que recibe por hijo. Si soportáis la disciplina, Dios os trata como a hijos; porque ¿qué hijo es aquel a quien el padre no disciplina? Pero si se os deja sin disciplinar, de la cual todos han sido participantes, entonces sois bastardos, y no hijos".

Reina Valera, 1960, Hebreos 12:6-8.

Capítulo I

Cuando se pierde la confianza

~~~~~

1. El desaliento de la adicción y el abuso:

Es de suma importancia comprender la naturaleza y las raíces de los abusos, cualesquiera que sean y las adicciones. Para que la sanidad ocurra tiene que comprenderse no sólo la ofensa original, sino también el daño progresivo que un abuso hace tanto a los transgresores como a las víctimas. Así lo dice el Señor en su palabra: Él nos curará. Todos tenemos un pasado y le hemos fallado a Dios, pero cuando Él nos perdonó nos hizo libres. Dejar el pasado atrás; esto quiere decir despojarse de la vieja manera de vivir. Debemos perdonar todas las ofensas y soltar las cosas que nos atormentan para poder ver las bendiciones que Dios tiene para nosotros.

"No os acordéis de las cosas pasadas, ni traigáis a memoria las cosas antiguas. He aquí que yo hago cosa nueva; pronto saldrá a luz; ¿no la conoceréis? Otra vez abriré camino en el desierto, y ríos en la soledad".

Reina Valera, 1960, Isaías 43:18-19.

"He aquí que yo les traeré sanidad y medicina; y los curaré, y les revelaré abundancia de paz y de verdad".

Reina Valera, 1960, Jeremías 33:6.

2. Daños que causa el abuso:

Ante el maltrato físico y psicológico se produce el apego inseguro, baja autoestima, aislamiento, dificultades en la atención, ansiedad, retraso del lenguaje, agresividad, problemas de conducta y falta de identidad, de quién eres realmente. Ante el abandono y el maltrato emocional las consecuencias son similares, pero ante el abuso sexual o maltrato físico, además de todos los daños anteriores, pueden darse dificultades donde la persona pierde su autoestima, duda de su criterio, se siente confundida (o), no tiene confianza en sí misma, no sabe bien qué piensa ni qué quiere, tiene miedo de tomar decisiones, entre otros. A largo plazo se pueden producir alteraciones del sueño, de la alimentación, adicción a sustancias, cualquiera que sea, aislamiento total, hasta no querer interactuar con las personas, etcétera.

El daño del pasado no se borra con el tiempo. El tiempo puede disminuir el dolor de los recuerdos, pero no sana la herida. De la misma manera, el daño por lo general no sólo desaparece cuando una persona se convierte al cristianismo. Seguir a Cristo es como restaurar una propiedad maravillosa destruida por su dueño anterior (la maldad), pero el nuevo dueño (Dios) tiene la intención de renovar la paz y la confianza anterior. ¡No es tarea fácil restaurar todos esos daños sufridos de nuestra infancia y reparar todos lo daños causados por los maltratos físicos y psicológicos! De hecho, es posible permitir que Dios trabaje en ciertas áreas en nosotros para pasar por un proceso de restauración, liberarnos y hacer de nosotros personas de bien y progreso.

La levadura produce fermentación y es símbolo de lo que penetra en la masa y corrompe la verdad, la justicia y la vida espiritual. Aquí el apóstol Pablo compara la levadura con el proceso por el cual el pecado y la maldad se propagan lentamente en una persona, multitudes y corrompe a muchos. Se debe expulsar con rigor todo lo que no es saludable para nuestra persona. ¡Hagamos un alto en nuestra vida hoy! ¡Limpiémonos ahora!

"Limpios, pues, de la vieja levadura, para que seáis nueva masa, sin levadura como sois; porque nuestra pascua, que es Cristo, ya fue sacrificada por nosotros".

Reina Valera, 1960, 1 Corintios 5:7.

"Así, que, amados, puesto que tenemos tales promesas, limpiémonos de toda contaminación de carne y de espíritu, perfeccionando la santidad en el temor de Dios".

Reina Valera, 1960, 2 Corintios 7:1.

3. ¿Cansado de luchar y andar sin aliento?:

No se sienta sin fuerzas para luchar y salir adelante. Llegar a la meta sin desmayar es lo que Dios siempre quiere para todos sus hijos (as). No esté esclavizado, siempre hay una salida. Los sentimientos de impotencia se suelen llevar en el corazón, así como el aborrecimiento, y de esta manera se hacen más agudos hasta el punto de la desesperación y la depresión, que le siguen muy de cerca. Por triste que sea, la lucha e impotencia no son la única herida de la desesperanza. Así que ahora es el momento de salir de todas esas artimañas y ataduras del pasado, ¡no pierda tiempo! ¡El momento de que tengas libertad en tu vida y seas tú mismo es ahora!

4. La creencia de ser rechazados por Dios:

Muchas veces nos sentimos indignos por nuestra desobediencia y pecados; tenemos la creencia de ser rechazados por Dios debido a todo lo que arrastramos del pasado. Pensamos que todo esto nos hace inadecuados para recibir la misericordia de nuestro Señor. ¡Pero no es cierto! Es maravilloso saber que Dios fue quién nos escogió aun antes de nacer. Podríamos llegar a pensar que no somos dignos de ser escogidos por Él, pero Dios vio algo bueno en cada uno de nosotros; nos vio con gran amor, misericordia y puso su confianza en ti y en mí.

Tenemos la tendencia de ser rechazados por Dios cuando aún seguimos en el pecado y la desobediencia porque no tuvimos una figura paternal o maternal, fuimos abandonados por nuestros padres, seguimos viviendo una vida desordenada, etc. Por eso debemos arrepentirnos y dejar que el Señor limpie nuestros corazones, para que así Él pueda sacar todo lo que nos hizo tanto daño en el pasado. Esto quiere decir que debemos ir con un corazón arrepentido ante Él y sacar de nuestra vida todo lo que creemos que nos hace indignos de recibir la aceptación de Dios y no ser rechazados. ¡Eso es lo que pensamos! De ninguna manera podemos pensar que nuestro Señor nos daría la espalda, y menos cuando vamos a Él con un corazón contrito, humillado y caemos rendidos a sus pies. Dios es un dios de amor. Él jamás rechazará a una persona que se arrepienta y se acerque a Él en fe y con un corazón arrepentido. Amén. Él dice:

"Venid a mí todos los que estáis trabajados y cargados, y yo os haré descansar".

Reina Valera, 1960, Mateo 11:28.

"Los sacrificios de Dios son el espíritu quebrantado; al corazón contrito y humillado no despreciarás tú, oh Dios".

Reina Valera, 1960, Salmos 51:17.

Mientras tanto, la obra que Él haga en nosotros será transformadora. Pero será sólo una muestra de lo que nos espera. Aprender a confiar en nuestro Dios Redentor a través del estrago o dificultades es un proceso que no terminará hasta que lleguemos al cielo. Sin embargo, lo que tenemos que saber es que: el propósito de Dios es tener una relación de confianza y amor con nosotros. Dios nos pide que le dejemos sanarnos enfrentando la verdad, abrazando la tristeza, optando por rendirnos y procurando el amor. Amén.

5. La paz se encuentra cuando nos rendimos:

¿Cómo se encuentra esta paz y quietud que tanto anhelamos? Nadie que busque únicamente sus condiciones puede dejar de encontrarla. La paz de Dios no puede hacer acto de presencia allí donde hay ira, rencor, desánimo, falta de perdón, altivez, arrogancia, prepotencia, etc. Pues la ira niega forzosamente la existencia de la paz. Todo aquel que, de alguna manera o en cualquier circunstancia, considere que la ira y falta de perdón está justificada, proclama que la paz es una insensatez. En esas condiciones no se puede hallar la paz de Dios. El perdón es, por lo tanto, la condición indispensable para hallarla. Es más, donde hay perdón tiene que haber paz, pues, ¿qué otra cosa sino el ataque conduce a la guerra? ¿Y qué otra cosa sino la paz es lo opuesto a la guerra? Aquí el contraste inicial resalta de una manera clara y evidente.

Cuando se encuentra la paz, no obstante, la guerra deja de tener sentido. Y ahora es el conflicto el que se percibe como inexistente e irreal. Sin embargo, la seguridad se encuentra acercándose a Él. No sé que situación estés pasando en tu vida en estos momentos, seguramente estás viviendo una de esas tormentas fuertes que quieren arrasar con todo, pero déjame decirte que Dios no te dejará. Él siempre estará presente en esos momentos en donde pareciera que estás solo o sola, estará ahí cuidándote en silencio. Puede ser que en este momento el futuro te parezca incierto, y por más que quieras ver algo bueno después de esta tormenta no puedas; tu mente se rehúsa a creer que luego de esto habrá algo que te sacará una sonrisa, pero en Dios puedes tener paz, esa que sobrepasa nuestro entendimiento humano. Es que Dios es un Dios que deposita paz sobre tu vida, Él envía a su Espíritu Santo para consolarte, por eso lo llamó el Consolador. No hay de qué temer, no hay por qué preocuparse. Cuando estás bajo la cobertura del Señor tienes asegurado tu futuro. Amados, Dios pone mi corazón en este día para decirte que puedes tener paz en medio de esta tormenta. ¡Vamos! No estás solo, Dios está contigo; recibe hoy su paz en medio de la tormenta.

"Jehová te bendiga, y te guarde; Jehová haga resplandecer su rostro sobre ti, y tenga de ti misericordia; Jehová alce sobre ti su rostro, y ponga en ti paz".

Reina Valera, 1960, Números 6:24-26.

En otras palabras, no debemos envidiar a los que se resisten a Dios y se rebelan contra Él. Hay que felicitar a los que se rinden a su cuidado y protección.

"La paz os dejo, mi paz os doy; yo no os la doy como el mundo la da. No se turbe vuestro corazón, ni tenga miedo".

Reina Valera, 1960, Juan 14:27.

¡No te rindas ante las circunstancias o problemas por más grandes que sean! Persevera hasta el fin.

"Mas el que persevere hasta el fin, este será salvo".

Reina Valera, 1960, Mateo 24:13.

Capítulo II

Luz de mi vida

1. La luz verdadera:

Dios es luz y el Señor Jesús vino a la Tierra como la luz verdadera que alumbra a todo hombre y nosotros somos luz en el Señor, exhortados a caminar como hijos de luz. En medio de las tinieblas tenemos que resplandecer como luces en el mundo.

"…para que seáis irreprensibles y sencillos, hijos de Dios sin mancha en medio de una generación maligna y perversa, en medio de la cual resplandecéis como luminares en el mundo".

Reina Valera, 1960, Filipenses 2:15.

"Este es el mensaje que hemos oído de él, y os anunciamos: Dios es luz, y no hay ningunas tinieblas en él. Si decimos que no tenemos comunión con él, y andamos en tinieblas, mentimos, y no practicamos la verdad; pero si andamos en luz, como él está en luz, tenemos comunión unos con otros, y la sangre de Jesucristo su Hijo nos limpia de todo pecado".

Reina Valera, 1960, 1 Juan 1: 5-7.

Juan nos dice que Jesús es la vida, que la vida es alcanzada gracias a la luz de Jesús, que la misma nos alumbra con el propósito de que salgamos del estado de oscuridad.

"En él estaba la vida, y la vida era la luz de los hombres".

Reina Valera, 1960, Juan 1:4.

Esto significa creer la verdad de Dios como se revela en su palabra y hacer un esfuerzo sincero y sostenido mediante su gracia para seguirla de palabra y obra. Y es así, no debemos permitir que nada ni nadie nos empañe el brillo que nos caracteriza como hijos de "luz en el Señor". Esto no es nada fácil, pero con Dios lo podemos lograr, como ha sido mi caso, que siempre trato de buscar y ver esa luz para poder caminar como Él quiere y seguir sus pisadas.

2. La inocencia de los niños:

Cuando estamos pequeños dicen algunas personas que no entendemos nada y que tampoco nos damos cuenta de lo que sucede alrededor nuestro. Esto es una gran mentira, ya que a esa edad somos como una esponja porque lo absorbemos todo, como una computadora con el disco duro a toda velocidad que almacena toda la información buena o mala que pasa a través de nuestra pequeña vida. Es cierto que a esa edad somos bastante ingenuos e inocentes, porque todo lo creemos y no existe maldad en nuestros corazones. Pero también pasa muchas veces que los adultos en general, incluyendo a nuestros padres, no creen lo que decimos. ¿Muy triste, verdad? Eso es así, pero Dios cuida y protege al inocente. ¡Dios es luz! ¡Y también trae libertad!

"Mirad que no menospreciéis a uno de estos pequeños; porque os digo que sus ángeles en los cielos ven siempre el rostro de mi Padre que está en los cielos".

Reina Valera, 1960, Mateo 18:10.

Es así: Dios promete una recompensa por la amabilidad con los niños, es por eso que Él nos dice en su palabra que nos humillemos y seamos como niños. Y es ahora cuando Él me ha dado el privilegio de poder compartir y decirles todo lo bello, fiel y maravilloso que Él ha sido en mi vida y con mi familia. Así puedo servir, compartir y ayudar a otros a salir adelante, no con nuestras fuerzas sino con el poder de Dios en nosotros.

"Y llamando Jesús a un niño, lo puso en medio de ellos, y dijo: De cierto os digo, que si no os volvéis y os hacéis como niños, no entraréis en el reino de los cielos. Así que, cualquiera que se humille como este niño, ese es el mayor en el reino de los cielos. Y cualquiera que reciba en mi nombre a un niño como este, a mí me recibe".

Reina Valera, 1960, Mateo 18:2-5.

Una nueva relación con Dios y creerle a Él como un niño requiere cambios, sacrificios y humillación en las relaciones hacia los demás, los hábitos, los compromisos, los placeres y en toda la manera de apreciar la vida. Así es, todo proceso requiere transformación y renovación para una vida mejor con la ayuda de nuestro Dios; lo dice el Señor en su palabra:

"Tú, enemiga mía, no te alegres de mí, porque, aunque caí, me levantaré; aunque more en tinieblas, Jehová será mi luz".

Reina Valera, 1960, Miqueas 7:8.

3. Testimonio:

Quiero compartir algunas experiencias de mi vida desde mi infancia hasta este día. Yo no sé usted, pero a mí me pasa que todo lo recuerdo desde que era pequeña, más o menos desde que tenía cinco años, en mi plena inocencia. Tuve muchas dificultades para un niño (a), pocos recursos económicos y de paso nunca tuve a mi padre biológico (no lo conocí), ya que abandonó a mi madre cuando ella tan sólo tenía un mes de embarazo de mí.

En ese tiempo, por mi edad tan pequeñita, no podía entender nada lo que pasaba a mi alrededor. Pero Dios sí, Él me estaba preparando y me trajo a este mundo con propósitos para que le sirviera a Él con excelencia, a los demás y me guardó siempre. Sólo mi madre luchaba por darnos una vida mejor y sin desmayar; se mantuvo firme luchando y esforzándose con fe para poder sobrevivir por sus hijos. Muchas veces nos acostábamos sin comer nada y esperando un nuevo amanecer con la confianza y esperanza de que el día de mañana sería mejor. Pensando en todo esto reconocí que Dios había hecho una obra maravillosa en mi vida y que el amor y humildad que se vivía en mi hogar era posible sólo por su gracia y misericordia. La felicidad verdadera sólo se encuentra en Dios y confianza en nosotros mismos que sí se puede. Solamente en Dios se encuentra la felicidad que tú estás buscando. Nadie más puede llenar tu corazón, sólo Dios es el camino y nuestra guía hacia la verdadera luz de gozo, los demás caminos son callejones sin salida.

No dejes que se te pase la vida sin tener un encuentro personal con Dios, porque Él es fiel, es bueno, misericordioso y abraza a todo el que se acerca a Él. Búscalo, o mejor aún, déjate encontrar por Él, porque Él te está buscando. Si lo hizo conmigo contigo también lo hará. Sal ahora mismo de ese hueco donde estás. Pero es ahora cuando puedo entender todo esto que estaba pasando a nuestro alrededor y que Dios sí estaba con nosotros en todo momento, porque aún estamos viviendo y sabíamos que Él se encargaría de alimentarnos con su comida espiritual y provisiones e indicaría el camino cada día. ¿Sabe algo? Ahora que soy mamá me imagino a mi madre, el sufrimiento tan grande que le causaba toda esa situación: el pensar que tenía que acostar a sus pequeños niños sin comer.

¿Que duro, verdad? Le pregunto, ¿qué haría usted frente a una situación así? ¡Claro, es cierto! No tiene la respuesta. Pero cuando Dios tiene un propósito en nuestras vidas, Él lo hace posible todo y nos sustenta con su amor y poder. Él nos prepara para recibir las bendiciones que nos tiene al final del camino con Él. Me encanta cuando en su palabra dice que:

"Jehová no dejará padecer hambre al justo; mas la iniquidad lanzará a los impíos".

Reina Valera, 1960, Proverbios 10:3.

"Mi Dios, pues, suplirá todo lo que os falta de acuerdo conforme a sus riquezas en gloria en Cristo Jesús".

Reina Valera, 1960, Filipenses 4:19.

"Joven fui, y he envejecido, y no he visto justo desamparado, ni su descendencia que mendigue pan".

Reina Valera, 1960, Salmos 37:25.

Y así es la palabra de mi Padre. En aquel entonces mi madre me contaba que nunca se quejó, tampoco renegó y que sólo le pedía a Dios con clamor y amor de madre que la ayudara a salir adelante con sus hijos; que lindo. Cuando enfrentamos desafíos demasiado grandes para nosotros, nuestra primera respuesta debe ser acudir a Dios en oración. ¿Por qué? "La victoria en todas las batallas se obtiene sólo en un lugar. ¿Dónde? En el altar de la oración (tabernáculo, como yo lo llamo)" y a los pies del Maestro (Jesús). Mi madre se aferraba a Dios y sin tener ningún conocimiento de su palabra clamaba al Señor para que la ayudara a seguir adelante con sus pequeños niños. Tocaba puertas y pedía ayuda al vecino y al que no era vecino también. ¿Qué tal? ¿Tremendo, verdad? ¿Qué haría usted frente a una situación así?

"Pedid, y se os dará; buscad, y hallaréis; llamad, y se os abrirá".

Reina Valera, 1960, Mateo 7:7.

¡Que hermoso cuando tocamos y le pedimos a Dios con un corazón sincero y Él nos abre las puertas! Ese es mi Dios, siempre envía ángeles alrededor de sus hijos, conmigo lo ha hecho siempre. Ahora sé lo maravilloso que es estar en los caminos y la presencia de Dios. Eso es lo mas grande y hermoso, no tenemos que darnos por vencidos; derribemos los muros de obstáculos. El Señor nos guarda de severas pruebas, gran desaliento, muchas dificultades y sufrimientos por medio de la fe y confianza en Él. Dice su palabra que Dios va delante de nosotros peleando la batalla. Y yo lo creo.

"Jehová vuestro Dios, el cual va delante de vosotros, él peleará por vosotros, conforme a todas las cosas que hizo por vosotros en Egipto delante de vuestros ojos".

Reina Valera 1960, Deuteronomio 1:30.

4. Rendirse a los pies del Señor:

En vez de quedarse sentado, haga el esfuerzo de postrarse a los pies del Señor; extiéndase sobre el piso y permanezca tranquilo en su presencia y ríndase a Él. Dios pelea por sus hijos cuando obedecemos su palabra. ¡Tenemos que seguir con fe y perseverar para así poder ganar la corona de justicia y victoria que el Señor nos tiene al final de una espera en Él!

"He peleado la buena batalla, he acabado la carrera, he guardado la fe. Por lo demás, me está guardada la corona

de justicia, la cual me dará el Señor, juez justo, en aquel día; y no solo a mí, sino también a todos los que aman su venida".

Reina Valera, 1960, 2 Timoteo 4:7-8.

"Guarda silencio ante Jehová, y espera en él. No te alteres con motivo del que prospera en su camino, por el hombre que hace maldades".

Reina Valera, 1960, Salmos 37:7.

5. Confianza, fe y esperanza:

Hubiera yo desmayado y abandonado la batalla si no creyese en mi Padre. Estoy convencida de que confiar en Dios y experimentar su bondad son indispensables para la perseverancia en la fe y seguir hacia la meta. Nosotros pudiéramos ser probados severamente, pero nada puede llevarnos a la desesperación y a la derrota mientras tengamos los ojos de la fe y la esperanza puestos en Dios y en nosotros. En medio de turbulencias y tinieblas debemos acercarnos a Él y permanecer firmes por medio de su Espíritu; créame que podemos tener la seguridad de que, a su debido tiempo, Dios manifestará su bondad hacia sus hijos que claman por Él.

"Mas él conoce mi camino; me probará, y saldré como oro".

Reina Valera, 1960, Job 23:10.

"Por lo demás, hermanos míos, fortaleceos en el Señor, y en el poder de su fuerza. Vestíos de toda la armadura de Dios, para que podáis estar firmes contra las asechanzas del diablo".

Reina Valera, 1960, Efesios 6:10.

A veces un fiel creyente pudiera sentir que Dios no está escuchando sus oraciones, ¡y no me diga que no es así! Porque a mí me ha pasado y usted podría estar sintiendo la misma experiencia. Sin embargo, no desmayemos y sigamos acercándonos a Dios por medio de Cristo, porque el Señor siempre tiene lo mejor para sus hijos.

"No temas, porque yo estoy contigo; no desmayes, porque yo soy tu Dios que te esfuerzo; siempre te ayudaré, siempre te sustentaré con la diestra de mi justicia".

Reina Valera, 1960, Isaías 41:10.

6. Hacer su voluntad:

Después de todas esas tormentas y pruebas el Señor responderá y ayudará a sus hijos como un pastor cuida de sus ovejas, porque nosotros somos el rebaño de Dios e hijos. Es por la obediencia de Cristo, hasta la muerte, que hemos sido santificados nosotros los creyentes. "¿Qué quiere Dios que haga usted y yo?". Cristo le prometió lo siguiente a sus discípulos:

"…he aquí yo estoy con vosotros todos los días, hasta el fin del mundo. Amén".

Reina Valera, 1960, Mateo 28:20.

¡Que seguridad tan grande es esta! La realidad de su presencia es segura porque Él lo prometió. Necesitamos cultivar el sentido de su presencia al enfrascarnos en el diario que hacer de nuestra vida. Por eso también cada uno de nosotros debe declarar en su propia vida las palabras de afirmación que Cristo expresó y decir: he aquí que vengo, ¡oh, Padre!, para hacer tu voluntad.

"Porque he descendido del cielo, no para hacer mi voluntad, sino la voluntad del que me envió".

Reina Valera, 1960, Juan 6:38.

"Como pastor apacentará su rebaño; en su brazo llevará los corderos, y en su seno los llevará; pastoreará suavemente a las recién paridas".

Reina Valera, 1960, Isaías 40:11.

"Reconoced que Jehová es Dios; Él nos hizo, y no nosotros a nosotros mismos; pueblo suyo somos, y ovejas de su prado".

Reina Valera, 1960, Salmos 100:3.

"Encamíname en tu verdad, y enséñame, porque tú eres el Dios de mi salvación; en ti he esperado todo el día".

Reina Valera, 1960, Salmos 25:5.

Capítulo III

Su gloria manifestada

1. No mirar atrás:

Lo más hermoso en toda la trayectoria de mi vida es cuando la gloria de Dios es manifestada. Esa confianza y obediencia es la que me ayuda a seguir adelante y a nunca más mirar atrás, ¡como hizo la esposa de Lot! Y créanme que no ha sido fácil. He tenido que pasar desiertos, pruebas de fuegos y recorrer caminos con muchas espinas, trituración, desilusiones, entre otros para poder lograr el propósito, la misión y visión que Dios me ha encomendado. Pero así es nuestro Padre, Él nos pasa por pruebas de fuego no para quemarnos, sino para purificarnos cada día con su misericordia y gracia, levantarnos y seguir sus pisadas. Todo esto lo podemos entender cuando ya conocemos el camino a seguir o a donde Dios quiere llevarnos. Así es que vemos cómo Él siempre tiene propósitos y un plan perfecto en nuestras vidas; miremos siempre las cosas de arriba y no las de abajo, o mejor aún, el Reino de los Cielos y su justicia, lo espiritual.

"Poned la mira en las cosas de arriba, no en las de la tierra. Porque habéis muerto, y vuestra vida está escondida con Cristo en Dios. Cuando Cristo, vuestra vida, se manifieste, entonces vosotros también seréis manifestados con él en gloria".

Reina Valera, 1960, Colosenses 3:2-4.

"Mas buscad primeramente el reino de Dios y su justicia, y todas estas cosas os serán añadidas".

Reina Valera, 1960, Mateo 6:33.

"No os hagáis tesoro en la tierra, donde la polilla y el orín corrompen, y donde ladrones minan y hurtan; sino haceos tesoros en el cielo, donde ni la polilla ni el orín corrompen, y donde ladrones no minan ni hurtan. Porque donde esté vuestro tesoro, allí estará también vuestro corazón".

Reina Valera, 1960, Mateo 6:19-21.

Allá es donde siempre quiero tener mi corazón, al lado de mi Padre Celestial. Quiero buscar lo espiritual y sus misterios y seguirlo hasta el fin de mis días, como lo dice el Señor, y eso sólo lo podemos lograr cuando buscamos ver el rostro de Dios espiritualmente hablando:

"Gloriaos en su santo nombre; alégrese el corazón de los que buscan a Jehová. Buscad a Jehová y su poder; buscad su rostro continuamente".

Reina Valera, 1960, 1 Crónicas 16:10-11.

Pero muchas veces nos preguntamos: ¿cómo podemos buscar el rostro de Dios? Si a Él nadie lo ha visto. Es así: la felicidad, seguridad y libertad de la ansiedad dependen de la gratitud a Dios, la perseverancia, la fe y creer en buscar el rostro del Señor cada día y no desmayar. Es que a Dios no lo vemos, pero lo sentimos. ¿Cómo? Por medio del Espíritu Santo que mora en cada uno de nosotros. Recordemos que somos el templo del Dios viviente y podemos sentirlo, tocarlo y abrazarlo. El diseño de Dios para nuestras vidas es que seamos genuinamente el templo de Dios aquí en la Tierra y tengamos siempre un encuentro a solas con Él y con nosotros. Les digo que esta es la verdadera fe: ver todas las cosas que no son como si fuesen reales y en tus manos.

De eso se trata este libro: de tener fe, confianza, creer, fidelidad en Él y en nosotros mismos, obediencia, seguridad y sobretodo, caminar siempre tomados de la mano de nuestro protector divino, mi Abba ¡Dependamos de Él siempre!

"Jehová, hasta los cielos llega tu misericordia, y tu fidelidad alcanza hasta las nubes".

Reina Valera, 1960, Salmos 36:5.

"El que habita al abrigo del Altísimo morará bajo la sombra del Omnipotente. Diré yo a Jehová: Esperanza mía, y castillo mío; mi Dios, en quién confiaré. Él te librará del lazo del cazador, de la peste destructora. Con sus plumas te cubrirá, y debajo de sus alas estarás seguro; escudo y adarga es su verdad".

Reina Valera, 1960, Salmos 91:1-4.

"Es, pues, la fe la certeza de lo que se espera, la convicción de lo que no se ve".

Reina Valera, 1960, Hebreos 11:1.

2. Dependencia absoluta en Dios:

Fe, ¿qué es fe? Es creer, confiar y depender absolutamente de Dios. La palabra del Señor dice que sin fe es imposible agradar a Dios. La persona justa continua viviendo por fe, y al hacerlo lleva una vida espiritualmente rica.

"Pero sin fe es imposible agradar a Dios; porque es necesario que el que se acerca a Dios crea que le hay, y que es galardonador de los que le buscan".

Reina Valera, 1960, Hebreos 11:6.

Debemos creer en un Dios personal, infinito y santo que se interesa por todos nosotros con amor y ternura; debemos buscarlo con diligencia y desear ansiosamente su presencia y su gracia. No tenemos que buscar la respuesta a esta verdad en ningún otro libro, sólo en la palabra de Dios (la Biblia) la encontraremos, y les aseguro que no se va a arrepentir cuando empiece a conocer todas las maravillas que allí están. ¡Es un tesoro... búsquelo! ¡Empiece ahora! ¡Sea rico espiritualmente para toda la eternidad!

"Porque donde está vuestro tesoro, allí estará también vuestro corazón".

Reina Valera, 1960, Lucas 12:34.

"...para que sean consolados sus corazones, unidos en amor, hasta alcanzar todas las riquezas de pleno entendimiento, a fin de conocer el misterio de Dios el Padre, y de Cristo, en quien están escondidos todos los tesoros de la sabiduría y del conocimiento".

Reina Valera, 1960, Colosenses 2:2-4.

Por eso debemos atesorar las cosas de los cielos, el Reino de Dios, es decir, las cosas celestiales (su palabra, su presencia, su santidad y la relación de nosotros con Él); son nuestro tesoro, entonces veremos la gloria de Dios siempre manifestada y derramada en nuestras vidas siempre. Su palabra lo dice:

"He aquí que aquel cuya alma no es recta, se enorgullece; mas el justo por su fe vivirá".

Reina Valera, 1960, Habacuc 2:4.

3. Confianza y seguridad en Dios:

El corazón de los justos se vuelve a Dios y deseamos ser sus hijos. ¿Acaso soy yo su única hija? Ustedes también pueden ser sus hijos (as). La fe es la confianza firme en Dios, en que sus caminos son justos; es una lealtad personal hacia Él como mi guiador y Señor, es una decisión personal de amor y lealtad de seguir sus caminos. Esa es mi vida hoy con Él y por la eternidad.

"Y si la hierba del campo que hoy es, y mañana se echa en el horno, Dios la viste así, ¿no hará mucho más a vosotros, hombre de poca fe?".

Reina Valera, 1960, Mateo 6:30.

"Por tanto os digo: No os afanéis por vuestra vida, qué habéis de comer o qué habéis de beber; ni por vuestro cuerpo, qué habéis de vestir. ¿No es la vida más que el alimento, y el cuerpo más que el vestido?".

Reina Valera, 1960, Mateo 6:25.

Estas palabras contienen las promesas de Dios para todos nosotros, sus hijos. En esta época difícil e insegura, Dios ha prometido la provisión de comida, ropa, finanzas, salud y la satisfacción de otras necesidades. Debemos caminar confiados de que Él lo hará y no dudar, porque el temor entra y la fe sale. ¡Es la verdad! Cuando somos víctimas del miedo nos hundimos con nuestros propios problemas. La duda no es otra cosa que poner la mirada en lo que el enemigo y la gente negativa pueda hacer en contra de nosotros. Cuando vengan las dudas a nuestros pensamientos debemos llevarlos cautivos a la obediencia a Cristo.

"...porque las armas de nuestra milicia no son carnales, sino poderosas en Dios para la destrucción de fortalezas, derribando argumentos y toda altivez que se levanta contra el conocimiento de Dios, y llevando cautivo todo pensamiento a la obediencia a Cristo".

Reina Valera, 1960, 2 Corintios 10:4-5.

"Pero al ver el fuerte viento, tuvo miedo; y comenzando a hundirse, dio voces, diciendo: ¡Señor, sálvame! Al momento Jesús, extendiendo la mano, asió de él y le dijo: ¡Hombre de poca fe! ¿Por qué dudaste?".

Reina Valera, 1960, Mateo 14:30-31.

Capítulo IV

¡Fe, esperanza!
Aliento de Dios

1. Acudir a Él:

Dios promete hacer grandes cosas por los que esperamos en Él. Dios puede intervenir en los acontecimientos de la historia humana a fin de hacer que nosotros hagamos su voluntad y lo imitemos en todo. Nosotros debemos acudir a Él y perseverar en la fe, la esperanza, el amor, la confianza, la paciencia y la templanza, fe. El Señor debe ser una realidad vital en nuestra vida si hemos de permanecer fieles a Él en la hora de la crisis. ¿Y quién sabe cuándo llegará esa hora? La vida y el mundo se mueven a un ritmo tan vigoroso que la necesidad de buscar a Dios nunca había sido tan apremiante.

"Y ahora permanecen la fe, la esperanza y el amor, estos tres; pero el mayor de ellos es el amor".

Reina Valera, 1960, 1 Corintios 13:13.

No hay por qué preocuparse si permitimos que Dios reine en nuestra vida. ¡Yo soy un testimonio de esa fe y bendición! Sólo tenemos que creer y rendirnos ante los pies de Él y Dios hará todo lo demás, asumiendo toda responsabilidad por esa vida rendida. Dice el Señor en su palabra que acudamos a Él cuando estemos cargados y cansados, Él nos hará descansar.

"¡Oh, si rompieses los cielos, y descendieras, y a tu presencia se escurriesen los montes, como fuego abrasador de fundiciones, fuego que hace hervir las aguas, para que hicieras notorio tu nombre a tus enemigos, y las naciones

temblasen a tu presencia! Cuando, haciendo cosas terribles cuales nunca esperábamos, descendiste, fluyeron los montes delante de ti".

Reina Valera, 1960, Isaías 64:1-3.

"Oye mi oración, oh Jehová, y escucha mi clamor. No calles ante mis lágrimas; porque forastero soy para ti, y advenedizo, como todos mis padres. Déjame, y tomaré fuerzas, antes que vaya y perezca".

Reina Valera, 1960, Salmos 39:12-13.

"Venid a mí todos los que estáis trabajados y cargados, y yo os haré descansar. Llevad mi yugo sobre vosotros, y aprended de mí, que soy manso y humilde de corazón; y hallaréis descanso para vuestras almas; porque mi yugo es fácil, y ligera mi carga".

Reina Valera, 1960, Mateo 11:28-30.

2. Invitación generosa de Jesús:

La invitación generosa de nuestro Señor es para todos los que estamos sedientos, trabajados y cargados por problemas, afanes de la vida y los pecados de nuestra propia naturaleza humana. Hay que dejar que Él guíe nuestra vida, que quienes acudan a Él se conviertan en sus siervos y obedezcan su dirección; Cristo los librará de sus cargas insoportables y les dará descanso, así como su paz y el Espíritu Santo como guía para sobrellevar las pruebas e inquietudes con la ayuda y la gracia de Dios. No importa cuál haya sido su pasado, Dios promete en su palabra eterna que Él le dará un nuevo comienzo si usted se lo permite.

Todavía hay mucho que aprender y enseñar a las demás personas, y ese deseo es lo que me ha motivado hoy a compartirlo con ustedes a través de la llenura y el poder del Espíritu Santo que mora en mí y es mi guía. Dios es la fuente absoluta de la vida humana.

"Entonces Jehová Dios formó al hombre del polvo de la tierra, y sopló en su nariz aliento de vida, y fue el hombre un ser viviente".

Reina Valera, 1960, Génesis 2:7.

"…ni es honrado por manos de hombres, como si necesitase de algo; pues él es quien da a todos vida y aliento y todas las cosas."

Reina Valera, 1960, Hechos 17:25.

3. Renunciar a nuestros deseos:

La gracia de Dios nos enseña a renunciar a todas esas cosas que hacen daño a nuestra vida (placeres y los valores impíos del mundo actual) y a considerarlos abominables ante los ojos de Dios. Recuerda lo que Dios nos dice en su palabra, no podemos ser tibios, sino fríos o calientes; es decir, ¡eres del mundo o eres para Dios! No hay punto intermedio. Lo dice el Señor:

"Yo conozco tus obras, que ni eres frío ni caliente. ¡Ojalá fueses frío o caliente! Pero por cuanto eres tibio, y no frío ni caliente, te vomitaré de mi boca".

Reina Valera, 1960, Apocalipsis 3:15-16.

Dios no quiere que seamos desobedientes y que nos acomodemos al mundo actual y a la sociedad que nos rodea, sino que sigamos sus pisadas en obediencia, abriendo una puerta que nadie pueda cerrar. De esa manera podremos glorificar su nombre y proclamar las buenas nuevas del Señor Todopoderoso. ¡Dios está siempre presente!

"Yo conozco tus obras; he aquí, he puesto delante de ti una puerta abierta, la cual nadie puede cerrar; porque aunque tienes poca fuerza, has guardado mi palabra, y no has negado mi nombre".

Reina Valera, 1960, Apocalipsis 3:8.

Así es, debemos perseverar y ser fieles a Dios. Él promete librarnos de la hora de la prueba haciendo nuestras sus promesas. Es necesario pasar por pruebas para que nuestra fe sea confiable y hacernos más fuertes.

"En lo cual vosotros os alegráis, aunque ahora por un poco de tiempo, si es necesario, tengáis que ser afligidos en diversas pruebas, para que sometida a prueba vuestra fe, mucho más preciosa que el oro, el cual aunque perecedero se prueba con fuego, sea hallada en alabanza, gloria y honra cuando sea manifestado Jesucristo".

Reina Valera, 1960, 1 Pedro 1:6-7.

"Claman los justos, y Jehová oye, y los libra de todas sus angustias. Cercano está Jehová a los quebrantados de corazón; y salva a los contritos de espíritu. Muchas son las aflicciones del justo, pero de todas ellas le librará Jehová. Él guarda todos sus huesos; ni uno de ellos será quebrantado".

Reina Valera, 1960, Salmos 34:17-20.

4. Testimonio:

Tengo que reconocer que todo esto que les estoy contando acerca de mi vida ha sido posible porque Dios está en mi corazón; he creído en Él y también en mí. Dios me ayudó y protegió de todos los peligros de la maldad del mundo exterior, gracias a eso hoy puedo sentirme capaz y con libertad para contarles un poco de mi pequeña historia, que siempre me pareció como de novelas.

Yo fui abusada y maltratada. En aquel entonces mi madre no estaba con nosotros, ya que éramos mas grandecitos y ella tuvo que irse a otro estado para trabajar y sobrevivir; nos dejó al cuidado de otras personas. A mí en particular me dejó al cuidado de mis padrinos y a mis tres hermanos con unos familiares. Mi madre nunca imaginó que seríamos maltratados y castigados tan vilmente, pero así fue: fuimos maltratados sin contemplación. Además del maltrato físico terrible, mis otros hermanos pasaron mucha necesidad. Mi mamá me entregó a mi padrino y su esposa, pero fue terrible. Cuando mi madre regresó después de tres años para estar con nosotros de nuevo y no separarse más y seguir luchando juntos, todo parecía normal y hermoso ante sus ojos. ¿Pero saben una cosa? Éramos niños y no sabíamos qué decir y si nos creerían o no; teníamos mucho miedo, esa era la triste realidad de la situación por la que estábamos pasando en ese momento; como niños sentíamos temor de que nos castigarían de nuevo por las amenazas del agresor. Sólo quiero decirles algo a ustedes madres y padres: nunca dejen a sus hijos con nadie que no sea de su verdadera confianza y si tienen que pasar necesidad, pásenla juntos, Dios nunca los va a desamparar, sólo tenemos que creer en Él y en nosotros, siempre.

Y así fue como crecimos con mucho sacrificio y esfuerzo, sobre todo con fe. Lo más bonito de todo esto es que, con todo lo que pasamos en nuestra niñez —si bien recuerdo en todo tiempo tuvimos una sonrisa en nuestros labios, es verdad, crecimos con un poco de temor y traumas, siendo esto muy malo para nuestra salud y desarrollo con el mundo exterior, eso es lo que me lleva hoy a escribir un poquito de mi vida y compartirla con ustedes, abriendo mi corazón por medio de la llenura y guía de Dios; es ahora que Él me ha dado la valentía y tenacidad de compartirlo abiertamente con ustedes. Dios ha sido mi libertador, ayudador, maestro, psicólogo, orientador, guía, columna vertebral, y cabe decir, mi todo. Por eso hoy me aferro a Él, soy una dependiente de Dios y no lo suelto, sin Él nada soy. Mi Dios es el aire que respiro. Hoy puedo decir que: ¡el Señor me liberó de tanta maldad y me cuidó! Todo esto ha sido un proceso desde mi niñez hasta este día, gracias a Dios hoy soy la persona que Él quiere que sea para amarlo con todo mi corazón, amarme a mí misma y valorarme cada día más.

No somos perfectos, pero sí se puede; mi alma fue renovada, transformada y liberada de toda iniquidad y cautividad. Él es y seguirá siendo "la luz y dirección de mi vida al final del camino" por toda la eternidad.

"Entonces nacerá tu luz como el alba, y tu salvación se dejará ver pronto; e irá tu justicia delante de ti, y la gloria de Jehová será tu retaguardia".

Reina Valera, 1960, Isaías 58:8.

"Padre de huérfanos y defensor de viudas es Dios en su santa morada. Dios hace habitar en familia a los desamparados; saca a los cautivos a prosperidad; mas los rebeldes habitan en tierra seca".

Reina Valera, 1960, Salmos 68:5-6.

La paternidad de Dios para nosotros los creyentes hace que podamos confiar en nuestro Padre Celestial, conocer nuestra identidad, de dónde venimos y hacia dónde vamos, y confiar en Él como un verdadero papito (Abbá). Cuando maduramos y sabemos cuál es el camino que debemos tomar, entonces somos libres como los pájaros y podemos gritarle al mundo que somos importantes para Dios y para nosotros. Con esto llenamos nuestro corazón con amor, fe, confianza, tenacidad, victoria, retos, entre otros, como un verdadero hijo del Rey.

"Y por cuanto sois hijos, Dios envió a vuestros corazones el Espíritu de su Hijo, el cual clama: ¡Abba, Padre! Así que ya no eres esclavo, sino hijo; y si hijo, también heredero de Dios por medio de Cristo".

Reina Valera, 1960, Gálatas 4:6-7.

Capítulo V

Protección divina

1. Protección divina:

Dios siempre se deleita en protegernos, cuidarnos y hacernos más fuertes. Es nuestro deber pedirle que nos tenga siempre bajo su cuidado, protección y que nos libre de toda maldad. Pero sólo hay una verdad que nos librará del pecado, de la destrucción y del dominio de la maldad: ¡la verdad de Dios que se encuentra en la palabra (la Biblia)! Les digo que en Dios tenemos todas las batallas ganadas. Así es, debemos confiar, creer y perseverar en la fe y, sobre todo, llevar una vida de obediencia y oración, por eso estamos hoy aquí, dando testimonios de las maravillas que Dios hace con nosotros. En la oración encontramos protección, aliento y el vínculo necesario para recibir las bendiciones y el poder de Dios en el cumplimiento de sus promesas. Es por eso que debemos hacer de la oración un estilo de vida. ¿Sabía usted que las oraciones nunca tienen respuesta a menos que se tenga una fe sincera y genuina? Tan cierto es esto que Jesús declara explícitamente que: "fe significa una firme confianza en Dios".

"¡Cuán preciosa, oh Dios, es tu misericordia! Por eso los hijos de los hombres se amparan bajo la sombra de tus alas".

Reina Valera, 1960, Salmos 36:7.

"El que habita al abrigo del Altísimo morará bajo la sombra del Omnipotente. Diré yo a Jehová: Esperanza mía, y castillo mío; mi Dios, en quien confiaré. Él te librará del lazo del cazador, de la peste destructora".

Reina Valera, 1960, Salmos 91:1-3.

"Jehová te guardará de todo mal; él guardará tu alma. Jehová guardará tu salida y tu entrada desde ahora y para siempre".

Reina Valera, 1960, Salmos 121:7-8.

La obediencia, el servicio, la dedicación a su palabra y la humildad van de la mano con la fe, confiar y creer. Dios no responde las oraciones de los que tienen ambiciones egoístas, aman el placer y desean honra, poder y riquezas. Debemos estar atentos, pues Dios no escuchará nuestras oraciones si tenemos el corazón lleno de deseos egoístas, odio, rencor, orgullo, prepotencia, etc. La Biblia dice que Dios sólo escucha las oraciones de los justos y que debemos apartarnos del mal, hacer lo bueno, buscar la paz y seguirla.

"Porque los ojos del Señor están sobre los justos, y sus oídos atentos a sus oraciones; pero el rostro del Señor está contra aquellos que hacen el mal".

Reina Valera, 1960, 1 Pedro 3:12.

El versículo anterior nos dice que nos apartemos del mal porque el Señor siempre nos está observando y que confiemos en sus promesas. Él cuida de su creación, de los que invocamos el nombre de Dios en Espíritu y verdad y que de veras nos arrepentimos, humillamos, perdonamos y pedimos conforme a su voluntad y protección divina. Dios conoce todos los pensamientos, motivos, deseos y temores íntimos de sus hijos, así como sus hábitos y costumbres exteriores, es por eso que no podemos alejarnos de su cuidado, de la dirección y de la protectora fortaleza de Dios. Él está con nosotros en todas las circunstancias, ya sea en las cosas presentes o futuras.

"¿A dónde me iré de tu Espíritu? ¿Y a dónde huiré de tu presencia? Si subiere a los cielos, allí estás tú; y si en el Seol hiciere mi estrado, he aquí, allí tú estás. Si tomare las alas del alba y habitare en el extremo del mar, aun allí me guiará tu mano, y me asirá tu diestra. Si dijere: Ciertamente las tinieblas me encubrirán; aun la noche resplandecerá alrededor de mí".

Reina Valera, 1960, Salmos 139:7-12.

2. Escuchar la voz de Dios:

Siempre debemos pedir en nuestras oraciones que se haga la santa y perfecta voluntad de Dios y que escuchemos su voz a través del Espíritu Santo que mora en nosotros. No hagamos caso a la voz contraria de las cosas negativas del mundo exterior, sino a la voluntad de Dios.

"¿O pensáis que la Escritura dice en vano: el Espíritu que él ha hecho morar en nosotros nos anhela celosamente? Pero él da mayor gracia. Por esto dice: Dios resiste a los soberbios, y da gracia a los humildes. Someteos, pues, a Dios; resistid al diablo, y huirá de vosotros. Acercaos a Dios, y él se acercará a vosotros. Pecadores, limpiad las manos; y vosotros los de doble ánimo, purificad vuestros corazones".

Reina Valera, 1960, Santiago 4:5-8.

3. Sólo Dios transforma:

Dios promete estar cerca de todo el que se vuelve del pecado, purifica su corazón y lo invoca con arrepentimiento sincero. La cercanía de Dios traerá su presencia, gracia, bendiciones y amor. Nosotros debemos tener en cuenta la intensidad con la que Dios aborrece la soberbia, el orgullo, la arrogancia, la desobediencia; esto provoca que Dios no acepte las oraciones y manifieste su presencia o conceda su gracia. El que se envanece y busca su honra y la estima de los demás a fin de satisfacer su orgullo se priva de la ayuda de Dios. En cambio, al que con humildad se somete a Dios y se le acerca le da gracia abundante, le tiene misericordia y lo ayuda en cualquier situación de la vida. Dios nos ama a todos, pero con un corazón para Él.

"Nada hagáis por contienda o por vanagloria; antes bien con humildad, estimando cada uno a los demás como superiores a él mismo".

Reina Valera, 1960, Filipenses 2:3.

Dependemos de Dios en cuanto a la honra y el fruto y no podemos lograr nada que tenga valor permanente sin la ayuda de Dios y de las personas; esa es una gran verdad. Siempre debemos vivir en humildad con los demás; en la Biblia podemos ver en cada instante la humildad de nuestro Señor Jesucristo. ¡Sigamos su ejemplo!

"Haya, pues, en vosotros este sentir que hubo también en Cristo Jesús, el cual, siendo en forma de Dios, no estimó el ser igual a Dios como cosa a que aferrarse, sino que se despojó a sí mismo, tomando forma de siervo, hecho semejante a los hombres".

Reina Valera, 1960, Filipenses 2:5-7.

La humildad de Cristo debe hallarse en todos nosotros sus seguidores, debe ser la marca de los hijos de Dios, el cual nos llama a que vivamos con sacrificio y abnegación, preocupándonos por los demás y velando por sus intereses. Él da gracia a los humildes, pero se opone a los orgullosos.

"Pero él da mayor gracia. Por esto dice: Dios resiste a los soberbios, y da gracia a los humildes".

Reina Valera, 1960, Santiago 4:6.

"El temor de Jehová es aborrecer el mal; la soberbia y la arrogancia, el mal camino, y la boca perversa, aborrezco".

Reina Valera, 1960, Proverbios 8:13.

¡Dios aborrece la soberbia!

Capítulo VI

Seamos libres de todo

1. Dios nos puede sacar de la oscuridad:

Es ahora cuando me siento verdaderamente libre y capaz de hablar con libertad, ya que mi Dios me sanó de toda esa maldad de las tinieblas. A veces, cuando escucho a algunas personas hablar de su pasado, o lo que pasaron cuando eran pequeños, regreso a los años cuando yo pasé por todo eso y siento mucha tristeza... pero no por mí, sino por ellos, ya que siguen con la misma carga y todavía les pesa; no la quieren dejar y prefieren seguir cautivos, atormentados y sin saber qué hacer por las marcas o heridas del pasado.

"...sabiendo esto, que nuestro viejo hombre fue crucificado juntamente con él, para que el cuerpo del pecado sea destruido, a fin de que no sirvamos más al pecado".

Reina Valera, 1960, Romanos 6:6.

"Y si tu mano derecha te es ocasión de caer, córtala, y échala de ti; pues mejor te es que se pierda uno de tus miembros, y no que todo tu cuerpo sea echado al infierno".

Reina Valera, 1960, Mateo 5:30.

Hoy me hago esta pregunta: ¿si yo salí de todo lo amargo y dura que fue mi infancia por qué otras personas no lo pueden hacer? Me vuelvo a preguntar esto: ¿será que yo soy la única hija de Dios? ¿O somos todos hijos e hijas de Él? Bueno, venga conmigo, le tengo la respuesta y voy a indicarle cómo salir de todas esas ataduras y mentiras de la oscuridad para ser libres y nunca más volver y mirar atrás.

¿Sabía usted que cuando abrimos nuestro corazón a Dios como nuestro único Señor y Rey de nuestra vida y permanecemos en su palabra? Sólo Dios es la fuente de la verdadera libertad, la cual pone al alcance de todos los que confiamos en Él y nos hace verdaderamente libres de esas inmundicias y ataduras —así la llamo yo, disculpe la expresión tan sincera—. Pero es la verdad, no quiera seguir esclavizado; corte con todo lo que nunca le ha servido para tener una vida llena de plenitud, paz, gozo, amor, éxitos y, sobre todo, busque la fuente inagotable de la fe y perseverancia, ¡libérese!

"Busqué a Jehová, y él me oyó, y me libró de todos mis temores. Los que miraron a él fueron alumbrados, y sus rostros no fueron avergonzados. Este pobre clamó, y le oyó Jehová, y lo libró de todas sus angustias".

Reina Valera, 1960, Salmos 34:4-6.

"¿Quién podrá entender sus propios errores? Líbrame de los que me son ocultos. Preserva también a tu siervo de las soberbias; que no se enseñoreen de mí; entonces seré íntegro, y estaré limpio de gran rebelión".

Reina Valera, 1960, Salmos 19:12-13.

2. Dios nos puede llevar a su luz admirable:

Así es, cuando abrimos las puertas de nuestro corazón a Dios, y vamos a Él como niños, su poder mora en nosotros: el Espíritu Santo. Por eso le quiero decir a todo aquel que no conozca al Dios de la gloria que lo busque, ¡Él está esperando por ustedes! Dios es tan lindo, fiel, justo, misericordioso, compasivo y disponible en todo tiempo y lugar, que siempre está dispuesto a oírnos y a levantarnos las 24 horas del día, siete días de la semana, 365 días del año; Él nunca está ocupado para nosotros, está disponible en todo tiempo.

"Mas vosotros sois linaje escogido, real sacerdocio, nación santa, pueblo adquirido por Dios, para que anunciéis las virtudes de aquel que os llamó de las tinieblas a su luz admirable".

Reina Valera, 1960, 1 Pedro 2:9.

Pero me doy cuenta de que no lo podemos hacer solos. Sin embargo, estamos listos para cambiar y dar todo ese amor que no tuvimos cuando éramos niños, dejar que Él nos transforme y que renueve nuestras almas para ser hombres y mujeres de gozo, triunfos, sueños, metas y mucho más. Hay que proclamar, más bien por la causa de Cristo, las verdades eternas y las normas justas de la palabra de Dios. ¿Cómo? Despreciar lo malo y amar lo bueno. No debemos contaminarnos con cosas que van en contra de la palabra de Dios, que constantemente nos rodean en el trabajo, escuelas, universidades y —¿por qué no? — hasta en nuestras iglesias, tales como: avaricia, egoísmo, rencor, ideas humanistas, maniobras políticas por el poder, envidia, odio, venganza, impureza, malas palabras, inmoralidad, drogas, alcohol, etcétera.

Estoy segura en Dios que si nos limpiamos y despojamos de todas esas artimañas de la maldad, y cambiamos nuestra manera de vivir —teniendo la mente renovada y transformada mediante la lectura de la palabra de Dios y la meditación en ella, así como sometiendo los planes y metas a criterios celestiales y eternos y no a los de este malvado mundo transitorio—, tendríamos una vida llena de bendiciones en el Señor por la eternidad.

"No améis al mundo, ni las cosas que están en el mundo. Si alguno ama al mundo, el amor del Padre no está en él. Porque todo lo que hay en el mundo, los deseos de la carne, los deseos de los ojos, y la vanagloria de la vida, no proviene del Padre, sino del mundo. Y el mundo pasa, y sus deseos; pero el que hace la voluntad de Dios permanece para siempre".

Reina Valera, 1960, 1 Juan 2:15-17.

3. El Señor nos quiere moldear:

El Señor nos moldea y forma nuestro carácter, porque Él es nuestro alfarero y hace con sus hijos lo que quiere. Tenemos una sola personalidad que no cambia, pero el carácter sí es moldeable cuando estamos dispuestos a cambiar con un corazón abierto a Él. El Señor nos exhorta a que no permitamos que nos absorban los placeres y cuidados del mundo a tal grado que dejemos de prepararnos para su venida; esas palabras son para todo el pueblo de Dios, de todas las épocas. El requisito de fidelidad espiritual es decisivo en vista de la enseñanza de Jesús de que Él volverá por los creyentes fieles en un momento inesperado. Como no podemos determinar el tiempo de su venida por la Iglesia, los creyentes siempre debemos estar preparados y espectar cambios en todo tiempo.

"Palabra de Jehová que vino a Jeremías, diciendo: levántate y desciende a casa del alfarero, y allí te haré oír mis palabras. Y descendí a casa del alfarero, y he aquí que él trabajaba sobre la rueda. Y la vasija de barro que él hacía se echó a perder en su mano; y volvió y la hizo otra vasija, según le pareció mejor hacerla. Entonces vino a mí palabra de Jehová, diciendo: ¿no podré yo hacer de vosotros como este alfarero, oh casa de Israel? dice Jehová. He aquí que como el barro en manos del alfarero, así sois vosotros en mi mano, oh casa de Israel".

Reina Valera, 1960, Jeremías 18:1-6.

"No os conforméis a este siglo, sino transformaos por medio de la renovación de vuestro entendimiento, para que comprobéis cuál sea la buena voluntad de Dios, agradable y perfecta".

Reina Valera, 1960, Romanos 12:2.

4. Lo que Dios quiere de nosotros:

¿Qué es lo más importante para Dios? La obediencia a Dios en todo tiempo, Él quiere moldear tanto el carácter como el servicio para Él y renovar nuestra mente. Dios mantiene la libertad de cambiar sus propósitos para tu vida, y la mía, si has planeado con fe, bondad y bendición. A veces Dios nos mete en aguas turbulentas y profundas, no para ahogarnos, sino para limpiarnos. Las pruebas de fuego no son para quemarnos, sino para purificarnos con su amor.

Tenemos que empezar a cambiar por nosotros mismos, así como renovarnos y abrir la puerta y ojos espirituales de nuestro corazón. De esta manera le pediremos al Señor que nos ayude a restaurar y cambiar nuestra vida y vieja manera de pensar y que nos llene de sabiduría para seguir el camino que Él tiene para nosotros. Así podremos encontrar la paz espiritual.

"Tú guardarás en completa paz a aquel cuyo pensamiento en ti persevera; porque en ti ha confiado. Confiad en Jehová perpetuamente, porque en Jehová el Señor está la fortaleza de los siglos".

Reina Valera, 1960, Isaías 26: 3-4.

Tu gozo sólo es Dios y para Él, no se lo demos a nadie; es decir, no dejemos que absolutamente nada nos robe la paz del Señor que tanto hemos deseado. Confiemos que en Dios todo es posible.

Donde Jesús habla de la verdadera esencia de la unidad del espíritu, que consiste en vivir de una manera digna, que permanezcamos juntos luchando como soldados, sus ovejas, y no abandonar la batalla. El amor lo puede todo, se los garantizo.

"Porque de la manera que en un cuerpo tenemos muchos miembros, pero no todos los miembros tienen la misma función, así nosotros, siendo muchos, somos un cuerpo en Cristo, y todos miembros los unos de los otros".

Reina-Valera 1960, Romanos 12:4-5.

"Pues ¿qué gloria es, si pecando sois abofeteado, y lo soportáis? Mas si haciendo lo bueno sufrís, y lo soportáis, esto ciertamente es aprobado delante de Dios".

Reina Valera, 1960, 1 Pedro 2:20.

5. Sigamos sus pisadas:

Cristo padeció para que sigamos sus pisadas. La mayor distinción y el más alto privilegio de cualquier creyente es padecer por Cristo y seguir sus pisadas. Debemos estar dispuestos a pagar el precio, es decir, a participar en los sufrimientos de Cristo y esperar que seamos una parte de su ministerio. Cuando hablo de sufrimiento me refiero a que cuando vengan situaciones difíciles, en cualquier circunstancia, Él tendrá el control y seguiremos la voluntad de Dios, por su nombre, por causa de la justicia y por el Reino de Dios.

"El amor es sufrido, es benigno; el amor no tiene envidia, el amor no es jactancioso, no se envanece; no hace nada indebido, no busca lo suyo, no se irrita, no guarda rencor; no se goza de la injusticia, mas se goza de la verdad".

Reina Valera, 1960, 1 Corintios 13:4-6.

Es así como Dios muestra su amor por nosotros, un amor transparente:

"Mas Dios muestra su amor para con nosotros, en que siendo aún pecadores, Cristo murió por nosotros".

Reina Valera, 1960, Romanos 5:8.

"El amor sea sin fingimiento. Aborreced lo malo, seguid lo bueno".

Reina Valera, 1960, Romanos 12:9.

Capítulo VII

Una vida nueva

1. Continuar hacia la meta y sueños:

Después mis hermanos y yo crecimos y tuvimos que ver la vida diferente. Mi madre tuvo más hijos, ya éramos cuatro y mi hermano fue el primero de nosotros. Seguíamos luchando para salir adelante y ya nos tocaba ir al colegio. Eso sucedió con mucho sacrificio, pero pudimos triunfar con la ayuda de Dios y sacamos nuestras carreras de estudios.

Les quiero compartir algo que en aquel tiempo yo todavía no sabía, es decir, lo que era tener una relación con Dios, lo que era el amor del Señor como mi guardador y guía. Sin embargo, nunca estuve apartada de Dios, ya que siempre quería estar en presencia e intimidad con Él, sin ser religiosa ni fanática. Ya más adulta siempre leía la Biblia por la mañana, era y es mi momento preferido, cuando todo estaba calmado. Lo sigo haciendo, pero de forma muy diferente, ya que ahora sí sé lo que es tener una verdadera relación íntima y personal con mi Padre Celestial y servirle a tiempo completo. Ya no leo la Biblia como una costumbre o como si fuese un libro más, sino que la estudio y le pido a Dios mucha revelación y sabiduría para poder entenderla y aplicarla a mi vida. También le pido para que su palabra esté en mi corazón todo el tiempo y pueda llevarla a otras personas, como lo estoy haciendo hoy por medio de este libro. Dice Su palabra que la sabiduría viene de lo alto.

"Y si alguno de vosotros tiene falta de sabiduría, pídala a Dios, el cual da a todos abundantemente y son reproche, le será dada".

Reina Valera, 1960, Santiago 1:5.

"Pero la sabiduría que es de lo alto es primeramente pura, después pacífica, amable, benigna, llena de misericordia y de buenos frutos, sin incertidumbre ni hipocresía".

Reina Valera, 1960, Santiago 3:17.

2. Escudriñar la palabra:

En estos momentos me siento contenta y especial para Dios cuando escudriño su palabra, ya que es como buscar oro en una mina: tenemos que ir a lo más profundo y cavar para poder encontrar el tesoro que allí está. Lo mismo tenemos que hacer con la palabra de Dios (la Biblia), buscar e ir a lo más profundo para ver las maravillas que en ella se encuentran. Así es, la palabra del Señor hay que saborearla, discernirla, aplicarla en nuestro caminar diario y compartirla con otros.

"¡Cuán dulces son a mi paladar tus palabras! Más que la miel a mi boca".

Reina Valera, 1960, Salmos 119:103.

"La ley de Jehová es perfecta, que convierte el alma; el testimonio de Jehová es fiel, que hace sabio al sencillo. Los

mandamientos de Jehová son rectos, que alegran el corazón; el precepto de Jehová es puro, que alumbra los ojos".

Reina Valera, 1960, Salmos 19:7-8.

"Abatida hasta el polvo está mi alma; vivifícame según tu palabra. Te he manifestado mis caminos, y me has respondido; enséñame tus estatutos. Hazme entender el camino de tus mandamientos, para que medite en tus maravillas. Se deshace mi alma de ansiedad; susténtame según tu palabra. Aparta de mí el camino de la mentira, y en tu misericordia concédeme tu ley. Escogí el camino de la verdad; he puesto tus juicios delante de mí".

Reina Valera, 1960, Salmos 119:25-30.

3. Sólo Dios puede cambiarnos:

Quiero compartir algo muy importante que me ha pasado a mí en particular. Una vez que le abres las puertas de tu corazón a Dios como tu único Señor y guía, la vida te cambia por completo; es algo tan impresionante que hay que sentirlo para poder expresarlo (es una experiencia muy personal). Así que si tú eres una de esas personas que aún no ha tomado esta decisión, y quiere un cambio radical en su vida, déjame decirte que te estás perdiendo de lo mejor. No lo pienses mucho porque el momento es ahora, nadie sabe lo que pueda pasar mañana y quizá sea demasiado tarde para entonces.

"…desead, como niños recién nacidos, la leche espiritual no adulterada, para que por ella crezcáis para salvación".

Reina Valera, 1960, 1 Pedro 2:2.

"Porque han visto mis ojos tu salvación".

Reina Valera, 1960, Lucas 2:30.

"Cuando pases por las aguas, yo estaré contigo; y si por los ríos, no te anegarán. Cuando pases por el fuego, no te quemarás, ni la llama arderá en ti. Porque yo Jehová, Dios tuyo, el Santo de Israel, soy tu Salvador; a Egipto he dado por tu rescate, a Etiopía y a Seba por ti. Porque a mis ojos fuiste de gran estima, fuiste honorable, y yo te amé; daré, pues, hombres por ti, y naciones por tu vida".

Reina Valera, 1960, Isaías 43:2-4.

"…que si confesares con tu boca que Jesús es el Señor, y creyeres en tu corazón que Dios le levantó de los muertos, serás salvo. Porque con el corazón se cree para justicia, pero con la boca se confiesa para salvación".

Reina Valera, 1960, Romanos 10:9-10.

¿Ahora qué piensas hacer? Cuando el Señor nos llama, Él escoge el día para que podamos seguirlo y no debemos dar un paso atrás; solamente tenemos que obedecer su llamado y aceptar a su hijo como nuestro único Señor y Salvador para ser salvos. Si usted cree que este libro le ha ministrado, y quiere cambiar su vieja manera de vivir, tome una decisión ahora mismo y abra las puertas de su corazón para renovarse.

Capítulo VIII

Dios cambió mi vida y el anhelo de ser mejor

1. Jesucristo nuestro único Señor y Salvador:

Y llegó el momento en que tomé la mejor decisión de mi vida: aceptar al Señor como mi único Señor y Creador. Dios vino a buscar a su oveja perdida y desde ese mismo momento sentí que había fiesta en el cielo y en mi corazón. ¿Por qué? Sabía que en el cielo Dios estaba contento por el regalo de mi salvación, ya que Dios y los ángeles se regocijan cada vez que una persona abre las puertas de su corazón para caminar con Él y se arrepiente de sus pecados.

"Porque el Señor es el Espíritu; y donde está el Espíritu del Señor, allí hay libertad. Por tanto, nosotros todos, mirando a cara descubierta como en un espejo la gloria del Señor, somos transformados de gloria en gloria en la misma imagen, como por el Espíritu del Señor".

Reina Valera, 1960, 2 Corintios 3:17-18.

2. Somos vencedores y libres con Cristo Jesús:

Ahora sólo les puedo decir que mi vida es totalmente diferente, y me siento en plena libertad para compartirlo con otras personas que se sientan aisladas y piensen que Dios está lejos de sus necesidades. Tampoco quiero que crean que no vamos a tener problemas, situaciones difíciles, llorar, sufrir, momentos de aflicción, dudas, temor, entre otros, pero junto a Él venceremos todo. Es verdad que donde está el espíritu de Dios hay libertad.

"Estas cosas os he hablado para que en mi tengáis paz. En el mundo tendréis aflicción; pero confiad, yo he vencido al mundo".

Reina Valera, 1960, Juan 16:33.

"Amados, no os sorprendáis del fuego de prueba que os ha sobrevenido, como si alguna cosa extraña os aconteciese, sino gozaos por cuanto sois participantes de los padecimientos de Cristo, para que también en la revelación de su gloria os gocéis con gran alegría. Si sois vituperados por el nombre de Cristo, sois bienaventurados, porque el glorioso Espíritu de Dios reposa sobre vosotros. Ciertamente, de parte de ellos, él es blasfemado, pero por vosotros es glorificado".

Reina Valera, 1960, 1 Pedro 4:12-14.

Si Él venció el mundo nosotros también podemos vencerlo y pasar todas las pruebas para reposar en Él, ya que hemos sido hechos a imagen y semejanza de Dios. Todo esto quiere decir que el Padre mismo nos ama demasiado, Él ama a todo el mundo y su creación.

"De tal manera amó Dios al mundo, que ha dado a su hijo unigénito, para que todo aquel que en Él cree, no se pierda, mas tenga vida eterna".

Reina Valera, 1960, Juan 3:16.

Este último versículo revela el corazón y el propósito de Dios. El amor de Dios basta para abrazar a todas las personas. En Él todo tiene solución, y con mucha paz, algo que para mí es bien importante. Les puedo decir con toda seguridad que aunque el problema sea grande, con Él se hace muy pequeñito, por eso su palabra es clara cuando dice que todo es posible si podemos creer.

"Porque todo lo que es nacido de Dios vence al mundo; y esta es la victoria que ha vencido al mundo, nuestra fe".

Reina Valera, 1960, 1 Juan 5:4.

¡Que linda es la palabra del Señor! Sólo nos pide una fe pequeñita, mínima, ya que el grano de mostaza es bien diminuto. Les puedo decir que mi vida en el camino del Señor ha sido lo más maravilloso que me ha sucedido, y si así ha sido para mí para cualquier persona será lo mismo. ¡Levántate y adelante! Cada día que escudriño más la palabra del Señor y busco más dentro de mí, me doy cuenta de que sin Él nada tiene sentido.

"Toda la Escritura es inspirada por Dios, y útil para enseñar, para redargüir, para corregir, para instruir en justicia, a fin de que el hombre de Dios sea perfecto, enteramente preparado para toda buena obra".

Reina Valera, 1960, 2 Timoteo 3:16-17.

"Porque la escritura dice a Faraón: Para esto mismo te he levantado, para mostrar en ti mi poder, y para que mi nombre sea anunciado por toda la tierra".

Reina Valera, 1960, Romanos 9:17.

3. Mantener una vida en santidad:

"¿Con qué limpiará el joven su camino? Con guardar tu palabra".

Reina Valera, 1960, Salmos 119:9.

Estos pasos debemos tenerlos siempre presentes para poder lograr una vida plena con Dios y creer en ti, les recomiendo que lo escriba, aprenda, aplique a su vida diaria y los tenga como un estilo de vida. Tome la irreversible decisión de permanecer fiel a la palabra escrita de Dios por el resto de su vida, buscando al Señor en oración, aprendiendo de memoria la palabra del Señor y aplicándola a nuestra vida para compartirla con otros y pronunciándose abiertamente en favor de la verdad de Dios. También debemos alegrarnos y deleitarnos en lo que Dios dice, considerando el resultado de los caminos de Dios frente a los del mundo, no estando nunca demasiado ocupado para orar y meditar su palabra en todo momento, siendo imitadores de Cristo en todo, dando testimonio de lo que Él ha hecho en nuestras vidas en todo tiempo.

Me siento tan segura y confiada con el amor de mi Dios, de que todo esto es la gran verdad del camino con Él y que nada fuera de Dios tiene sentido, que se los demuestro con mis testimonios en este libro. Nunca quiero estar fuera de su sombrilla y por mi boca sólo quiero hablar de las maravillas y bendiciones que Él hace en mi vida a cada instante. ¡De verdad! ¡Él es hermoso! Lo amo con todo mi corazón.

Quiero decirles que Dios hace su parte, pero nosotros tenemos que hacer la nuestra. Esto es con respecto a la constante búsqueda y consagración con la palabra, oración, perseverar en la fe, etc. Debemos tener disciplina, tenerla como un estilo de vida y hacer pactos con Dios, ya que Él es un Dios de pactos y cumple sus promesas. A través de toda la Biblia se describe en forma de pacto la relación de Dios con su pueblo, y aparece por primera vez en el libro de Génesis, donde Dios le prometió a Noé que sería librado del juicio que vendría mediante el diluvio. Noé obedeció y creyó en Él y en su promesa, que se extiende hasta el Nuevo Testamento, donde Dios hizo un nuevo pacto con el género en Jesucristo. El Señor nos habla a través del Espíritu Santo.

"Mas estableceré mi pacto contigo, y entrarás en el arca tú, tus hijos, tu mujer, y las mujeres de tus hijos contigo. Y de todo lo que vive, de toda carne, dos de cada especie meterás en el arca, para que tengan vida contigo; macho y hembra serán".

Reina Valera, 1960, Génesis 6:18.

"…dijo el rey al profeta Natán: Mira ahora, yo habito en casa de cedro, y el arca de Dios está entre cortinas. Y Natán dijo al rey: Anda, y haz todo lo que está en tu corazón, porque Jehová está contigo".

Reina Valera, 1960, 2 Samuel 7:2-3.

4. Oír la voz de Dios:

Es verdad que cuando Dios nos hace un llamado para servir, bien sea dentro o fuera de la Iglesia, y si le somos fieles y obedientes, Él nos respalda y nos llena con su poder para cumplir su propósito. Sólo debemos tener un corazón dispuesto a servirle con humildad, consagración y estar atentos a su voz.

"Y cuando entraba Moisés en el tabernáculo de reunión, para hablar con el Señor, oía la voz que le hablaba de encima del propiciatorio que estaba sobre el arca del testimonio, de entre los dos querubines; y hablaba con él".

Reina Valera, 1960, Números 7:89.

"Pero oí el sonido de sus palabras; y al oír el sonido de sus palabras, caí en un sueño profundo sobre mi rostro, con mi rostro en tierra".

Reina Valera, 1960, Daniel 10:9.

¡Obediencia! ¡Debemos oír la voz de Dios y darle nuestra lealtad a Él!

Capítulo IX

La iglesia somos nosotros

1. El llamado a servir:

Siempre tenemos espacio para poder hacer algo por otras personas. Cuando digo esto no me refiero a hacerlo solamente en la Iglesia, sino fuera de allí, ayudando a la gente necesitada. Pero nunca tenemos tiempo y siempre estamos demasiado ocupados con los afanes de la vida, por ejemplo: trabajo, flojera, cansancio, televisión, novelas, cine, esposo (a), amigas, "yo no soy un fanático", "no soy religioso", "yo sigo y amo a Dios a mi manera", y las más grandes de todas las excusas, "no puedo hoy", "estoy cansado", "mañana lo hago", "yo amo a Dios a mi manera, soy bueno y no le hago mal a nadie", etc. Ahora me pregunto: ¿buscamos nuestra comodidad o queremos servir y agradar a nuestro padre celestial?

"Si alguno me sirve, sígame; y donde yo estuviere, allí también estará mi servidor; si alguno me sirviere, mi Padre le honrará".

Reina Valera, 1960, Juan 12:26.

Lea lo que el siervo David le dice a mi Señor:

"Porque tú, Jehová de los ejércitos, Dios de Israel, revelaste al oído de tu siervo, diciendo: Yo te edificaré casa. Por esto tu siervo ha hallado en su corazón valor para hacer delante de ti esta súplica. Ahora pues, Jehová Dios, tú eres Dios, y tus palabras son verdad, y tú has prometido este bien a tu siervo. Ten ahora a bien bendecir la casa de tu

siervo, para que permanezca perpetuamente delante de ti, porque tú, Jehová Dios, lo has dicho, y con tu bendición será bendita la casa de tu siervo para siempre".

Reina Valera, 1960, 2 Samuel 7:27-29.

"Dijo el señor al siervo: Ve por los caminos y por los vallados, y fuérzalos a entrar, para que se llene mi casa".

Reina Valera, 1960, Lucas 14:23.

Después de esto no creo que puedan tener más dudas de que cuando ponemos a Dios primero, le servimos, confiamos en Él, le obedecemos y le somos fieles, Él nos respaldará en todo y nos guardará con su amor.

"Mas buscad primeramente el reino de Dios y su justicia, y todas estas cosas os serán añadidas".

Reina Valera, 1960, Mateo 6:33.

Dice el Señor que busquemos el Reino de Dios y tendremos todo de acuerdo con su voluntad.

2. Dios nos envía y debemos obedecer:

Así hizo el Señor conmigo, me cuidó y guardó de las garras de las tinieblas y la maldad. Sólo tenemos que decirle al Señor: "heme aquí, a dónde quieres que vaya", "envíame a mí Señor", "yo quiero ser ese vaso lleno disponible para ser derramado en donde tú me necesites". Recordemos algo muy importante: Jesús vino a servir y no a ser servido. Él nos ubica donde quiere que trabajemos en su obra para ayudar a la gente y mucho mas. No obstante, tenemos que empezar (acción) ahora a buscar esa verdadera dirección; Él nos cuida y guarda donde quiera que estemos. Dios ve la disposición de nuestro corazón de servirle a Él. Su palabra dice que el reino de los cielos sufre violencia y que sólo los violentos lo podemos arrebatar. Entonces, ¿qué espera usted?

"Desde los días de Juan el Bautista hasta ahora, el reino de los cielos sufre violencia, y los violentos los arrebatan".

Reina Valera, 1960, Mateo 11:12.

"...no sirviendo al ojo, como los que quieren agradar a los hombres, sino como siervos de Cristo, de corazón haciendo la voluntad de Dios".

Reina Valera, 1960, Efesios 6:6.

Pidamos constantemente a Dios la gracia que necesitamos para seguir su voluntad y establecernos en sus caminos.

"Pero por la gracia de Dios soy lo que soy; y su gracia no ha sido en vano para conmigo, antes he trabajado mas que todos ellos; pero no yo, sino la gracia de Dios conmigo".

Reina Valera, 1960, 1 Corintios 15:10.

3. La ayuda sustentadora de Dios:

La gracia es la presencia y el amor de Dios dados por Jesucristo a los creyentes por medio del Espíritu Santo.

Tal petición es necesaria porque no se puede seguir siendo fiel a las leyes de Dios sin su ayuda sustentadora y la obra y guía del Espíritu Santo en el corazón. Sólo puede entenderse plenamente la palabra de Dios con su ayuda. Por lo tanto, nosotros, sus hijos, debemos pedirle siempre a Dios, por medio de su espíritu, que aumente nuestro entendimiento y que cada día nos enseñe más su amor y verdad para plasmarlo en nuestros corazones siempre.

"Hazme entender el camino de tus mandamientos, para que medite en tus maravillas".

Reina Valera, 1960, Salmos 119:27.

Capítulo X

Nacimos para cosas más grandes y triunfar en todo

1. Fuimos creados por Dios:

Cada uno de nosotros ha sido creado por Dios y para Él con amor sublime. Este es el hermoso misterio que se encuentra en el corazón de las personas, en el corazón de sus vidas y de la mía. Todo niño nace, desde el principio de los tiempos hasta el final de ellos, con un pensamiento amoroso de nuestro Padre Celestial que nos mantiene bajo su mirada. Nos ve a cada uno como un ser de su propiedad, como un hijo amado, como una hija amada.

"Y Dios creó al hombre a su imagen, a imagen de Dios lo creó; varón y hembra los creó".

Reina Valera, 1960, Génesis 1:27.

Dios nos hizo para ser bienaventurados y que alcancemos todas sus bendiciones, para ser felices. Nacemos con el deseo de la felicidad escrito en nuestros corazones, un deseo que sólo Dios puede satisfacer. No podemos ser felices sin Dios, y su anhelo es que todos seamos felices y bienaventurados en Él.

Como cristianos adoramos a un Dios que ama tanto a la humanidad que hasta llega a formar parte de todos nosotros como sus hijos. Esta es la verdad que Jesucristo reveló con su vida, muerte y resurrección.

2. Creados a la imagen de Dios:

Esta verdad siempre ha estado en el centro de la religión y la visión cristiana de la persona humana creada a imagen de Dios, dotada de dignidad, derechos y responsabilidades dados por Dios y llamada a un destino trascendente que establece el fundamento espiritual. Dios es relación, no religión.

"Porque tú formaste mis entrañas: tú me hiciste en el vientre de mi madre. Te alabaré; porque formidables, maravillosas son tus obras; estoy maravillado, y mi alma lo sabe muy bien".

Reina Valera, 1960, Salmos 139:13-14.

Jesús les preguntó qué buscaban a los primeros que acudieron con Él. Su pregunta también está dirigida a nosotros. ¿Qué queremos de la vida realmente? Creo que todos estamos en busca de la alegría, del amor, la tranquilidad, la buena manera de vivir, de un sentido de plenitud e integridad; buscamos amistades y amores que perduren. Esto se resume en un éxito total en todo lo que emprendamos.

"Le oyeron hablar los dos discípulos, y siguieron a Jesús. Y volviéndose Jesús y, viendo que lo seguían, les dijo: ¿Qué buscáis? Ellos le dijeron: Rabí (que traducido es, Maestro), ¿dónde moras?".

Reina Valera, 1960, Juan 1:37-38.

Todos queremos tener un sentido de pertenencia, de que somos queridos; queremos alguna seguridad de que nuestras vidas realmente importan a Dios y luego para nosotros mismos. Aunque no siempre podamos expresar en palabras nuestras esperanzas y sueños de este modo, eso es lo que todos estamos buscando.

3. Él es la respuesta a toda pregunta:

¿Estamos buscando a Dios? La buena noticia es que Dios nos está buscando. Por eso es que Jesús vino al mundo. Él es la respuesta a toda pregunta, el deseo de todo corazón. El propósito de nuestras vidas es encontrarlo y nuestra razón de ser es llegar a Él.

Lo que la palabra del Señor enseña y proclama es algo hermoso y verdadero: Jesucristo nació en forma humana como el hombre nuevo para que todo hombre y toda mujer tuvieran nueva vida y pudieran vivir con la plenitud que Dios quiere para usted y para mí.

Jesús vino a nuestro mundo como el Hijo del Hombre para que pudiéramos llegar a ser hijos e hijas de Dios, los que somos llamados a ser hijos y los que somos capaces de seguir sus pisadas. Al caminar con Jesús, al seguirlo y al modelar nuestras vidas conforme a la suya, percibimos movidos por su amor lo que la vida realmente significa. Esto también se logra sirviendo a nuestro prójimo a través de obras de misericordia y actos de amor.

"He aquí que yo hago cosa nueva; pronto saldrá a luz; ¿no la conoceréis? Otra vez abriré camino en el desierto, y ríos en la soledad".

Reina Valera, 1960, Isaías 43:19.

En todo momento, y en todo lugar, Jesús llama a sus hijos a proclamar sus promesas acerca del significado y destino de la vida humana. A través de su Iglesia, Jesús continúa invitando a cada persona a participar en la bienaventuranza y la santidad de su propia vida en el corazón del Padre Celestial.

4. Enfrentar a la sociedad y emprender nuevos retos:

Nos enfrentamos a muchos problemas e injusticias en nuestra sociedad: la triste persistencia del pensamiento y prácticas racistas; las amargas divisiones basadas en dinero, educación y clase social; la epidemia de la pornografía y las adicciones, y la violencia y las desviaciones en nuestro entretenimiento popular. Esto son indicadores de que nuestra sociedad ha perdido el sentido de la verdad acerca de la preciosa naturaleza, trato y dignidad de la raza humana.

5. ¿Quiénes somos realmente?

Oremos y reflexionemos sobre estas expresiones y preguntas básicas: ¿Quiénes somos? ¿Qué significa estar vivo y ser miembro de la raza humana? ¿De dónde venimos y para qué estamos aquí? ¿Para qué debemos vivir? ¿Qué es una buena vida? ¿Porqué debería querer ser una buena persona? ¿El mundo tiene algún significado o todo depende de la suerte? Aquí está la respuesta: todos nacemos con un hermoso propósito. Busquemos lo que Dios quiere que hagamos y tendremos una vida fructífera y victoriosa. Hagamos un análisis de todas estas preguntas y busquemos lo que realmente nos llena de bendiciones y gozo en todo. El Señor quiere que demos un paso de fe para tener una vida llena de victoria y que podamos descubrir quiénes somos realmente. No podemos hacer nada sin la dirección de Dios.

Capítulo XI

Plan de renovación con Dios

1. Jesucristo es nuestro modelo a seguir:

Cristo es, de entrada, presentado como el salvador y no como un Maestro, amigo o modelo de conducta. Podemos ver lo que el ángel le dice a José: "Llamarás su nombre Jesús", que quiere decir Jesús salva. Él ha venido a salvar a su pueblo de sus pecados; Jesús es el autor de nuestra salvación. Dios envió a su Hijo como salvador del mundo. El hijo de Dios vino a buscar y a salvar lo que se había perdido. La verdadera dicha es la alcanzada por aquellos que podemos exclamar: "Sabemos que verdaderamente éste es el Salvador del mundo, el Cristo". Tenemos el mayor tesoro en nuestras manos y no lo buscamos, pero toda la verdad la encontramos en la Biblia y se lo muestro ahora; Jesús dijo:

"Yo soy la puerta; el que por mí entrare, será salvo; y entrará, y saldrá, y hallará pastos".

Reina Valera, 1960, Juan 10:9.

2. Jesús, la única puerta para llegar al cielo:

Esto quiere decir sencillamente que Él es la puerta a la vida eterna. La Gracia de Dios es la fuente de la salvación que está en Jesucristo y nos hace personas extremadamente ricas. Ninguna cantidad de riquezas terrenales puede compararse con ellas. Al salvarnos, Dios nos dio una herencia eterna.

Las promesas preciosas de las escrituras son una parte de nuestro derecho de primogenitura, pero en el cielo nos aguardan cosas que no podrán marchitarse ni corromperse.

"...para una herencia incorruptible, incontaminada e inmarcesible, reservada en los cielos para vosotros, que sois guardados por el poder de Dios mediante la fe, para alcanzar la salvación que está preparada para ser manifestada en el tiempo postrero".

Reina Valera, 1960, 1 Pedro 1:4-5.

Tu y yo sabemos que Él escoge el día en que alguien toque a la puerta de tu corazón para hablarte de las buenas nuevas del Señor; no te resistas, déjalo entrar, que el Creador viene a buscarte para que sigas sus pisadas hasta el fin de tus días.

"...porque todo aquel que invocare el nombre del Señor, será salvo".

Reina Valera, 1960, Romanos 10:13.

"Ahora, pues, ¿por qué te detienes? Levántate y bautízate, y lava tus pecados, invocando su nombre".

Reina Valera, 1960, Hechos 22:16.

Lavas tus pecados... Así es, Pablo se convirtió y fue salvo. El bautismo fue su testimonio público de perdón y resolución de abandonar todo pecado e identificarse con la causa de Cristo. Cuando decimos que somos hijos (as) de Jesucristo es maravilloso, y oigan esto:

"Mas a todos los que le recibieron, a los que creen en su nombre, les dio potestad de ser hechos hijos de Dios".

Reina Valera, 1960, Juan 1:12.

¡Qué bello! Dios nos ha dado el regalo de escoger entre el bien y el mal, de poder creer, confiar y seguirlo siempre, así como el de reconocer la buena y perfecta voluntad de nuestro Padre Celestial y la capacidad de tomar decisiones sabias.

"Porque de tal manera amó Dios al mundo, que ha dado a su Hijo unigénito, para que todo aquel que en él cree, no se pierda, mas tenga vida eterna".

Reina Valera, 1960, Juan 3:16.

Dios no quiere que tú estés perdido, el Señor quiere salvarte a través de su hijo Jesucristo y limpiarte de todos tus pecados con su sangre.

"Porque no envió Dios a su Hijo al mundo para condenar al mundo, sino para que el mundo sea salvo por él".

Reina Valera, 1960, Juan 3:17.

Es la verdad, Dios quiere que llevemos una vida recta, de servicio, obediente, consagrada, dedicada, disciplinada, etc. La fe en Jesucristo es la única condición que Dios exige para la salvación.

3. Jesucristo liberta:

Salvación significa liberación, seguridad y protección de daño. Dios se reveló a sí mismo como el Salvador de su pueblo. La salvación se describe en la Biblia como el camino que conduce por la vida hasta la eterna comunión con Dios en el cielo. La fe no es sólo una confesión acerca de Jesús, sino también una actividad que brota del corazón del creyente que procura seguir a Cristo como Señor y amo de nuestra vida.

Tener fe significa creer y confiar firmemente en Dios como nuestro Señor y ayudador personal. También se trata de rendir nuestra voluntad y servir a Jesús con todo nuestro corazón. ¡Así que esto es con usted! No lo piense más, busque a Jesús y tendrá vida eterna; será salvo usted y su casa para siempre.

"Ellos dijeron: Cree en el Señor Jesucristo, y serás salvo, tú y tu casa".

Reina Valera, 1960, Hechos 16:31.

¿Por qué muchas personas están desorientadas y sin dirección y no creen en Jesús si usted y yo sabemos que la voluntad de Dios es salvar a todo el mundo y que lo conozcan de cerca para sentir su poder dentro de nosotros? ¿Qué les impide creer? Dios no es el problema para que tú, nuestra familia y yo seamos salvos y siempre tengamos una relación con Dios.

"Pero si nuestro evangelio está aún encubierto, entre los que se pierden está encubierto; en los cuales el dios de este siglo cegó el entendimiento de los incrédulos, para que no

les resplandezca la luz del evangelio de la gloria de Cristo, el cual es la imagen de Dios".

Reina Valera, 1960, 2 Corintios 4:3-4.

"Y este es el testimonio: que Dios nos ha dado vida eterna; y esta vida está en su Hijo. El que tiene al Hijo, tiene la vida; el que no tiene al Hijo de Dios no tiene la vida".

Reina Valera, 1960, 1 Juan 5:11-12.

Esa es la promesa que Él nos hizo, ¡qué tal! ¿Después de todo esto te vas a quedar sin ser salvo? ¿Usted tiene la respuesta?

"Porque todo aquel que invocare el nombre del Señor será salvo".

Reina Valera, 1960, Romanos 10:13.

¡Que hermoso y fiel es el Señor! Es más, cuando tenemos el gozo del Señor todo lo que nos rodea brilla, y Dios le da sabor.

"...no os entristezcáis, porque el gozo de Jehová es vuestra fuerza".

Reina Valera, 1960, Nehemías 8:10.

"El corazón alegre constituye buen remedio; mas el espíritu triste seca los huesos".

Reina Valera, 1960, Proverbios 17:22.

4. Encuentro divino con Jesús:

Por encima de todo debemos darnos cuenta de que es imposible agradar a Dios si no tenemos un encuentro personal con Cristo que cambie nuestras vidas. Eso implica reconocer que necesitamos un Salvador y aceptar el regalo de la salvación.

"Porque por gracias sois salvos por medio de la fe; y esto no de vosotros, pues es don de Dios; no por obras, para que nadie se gloríe".

Reina Valera, 1960, Efesios 2:8-9.

Así es, nadie puede ser salvo por buenas obras de amor ni grandes esfuerzos por obedecer los mandamientos de Dios; la persona se salva por la ¡gracia de Dios!

"...para que así como el pecado reinó para muerte, así también la gracia reine por la justicia para vida eterna mediante Jesucristo, Señor nuestro".

Reina Valera, 1960, Romanos 5:21.

Capítulo XII

En lo infinito de tu alma, allí están Dios y tú

1. Tú eres el resultado de tus propios errores:

Muchas veces queremos echarle la culpa al destino de nuestros errores, simplemente nos preguntamos qué nos está pasando y por qué seguimos sin dirección y no salimos del mismo lugar, o tan sólo estamos sin saber a dónde ir. No culpemos a nadie, nunca nos quejemos de nada ni de nadie porque fundamentalmente tú has hecho tu vida y es tu responsabilidad que empieces a edificar nuevas metas y sueños. Acepta la responsabilidad de edificarte a ti mismo y comienza a corregir todo lo que no te ha hecho avanzar hacia el triunfo y propósito en tu vida. Todo se puede, somos ilimitados.

2. Bello reflejo, porque ahí está el hermoso resultado:

Todo lo que hemos pasado, desde la niñez hasta este día, el Señor lo transforma para bien y nos lleva a un resultado hermoso: a ser personas de triunfo, propósitos y victoria, que se convierten y avanzan por el camino del crecimiento hacia una vida mejor y de triunfo. Esto viene de la mano del autoconocimiento, aceptación, bienestar, satisfacción, reflexión, conexión con Dios y uno mismo. Después logramos el objetivo y metas deseadas. Pregunto: ¿en qué lugar te encuentras? ¿Cuál es tu reflexión y el propósito de tu vida? ¿Hacia dónde quieres ir?

No debemos quejarnos de nada, ni del lugar donde estamos, etc. Las quejas y las murmuraciones nunca son buenas para poder alcanzar la corona de victoria, siempre hay que pensar en las cosas buenas que podemos lograr. Hay quienes saben vencer en el mismo ambiente donde están. Las circunstancias son buenas o malas de acuerdo con la voluntad o fortaleza de tu corazón y cómo la ves. Aprende a convertir toda situación difícil en un arma para luchar y superar nuevos retos cada día con el corazón.

Entonces, no hay que quejarse de la pobreza o el momento desagradable, de la soledad o de tu suerte; enfréntalas con valor y acepta que cada una de ellas de alguna manera fueron el resultado de tus actos y la prueba es que has de ganar con valentía. Dios es ilimitado y nosotros también, entonces no nos limitemos. Ahora pasemos al otro lado de la victoria.

No te frustres con tu propio fracaso ni se lo cargues a los demás, acéptate ahora o seguirás justificándote como un niño. Recuerda que cualquier momento es bueno para comenzar y alcanzar tus metas y sueños; ninguno es tan terrible como para claudicar. Deja ya de engañarte: eres la causa de ti mismo, de tu necesidad y de tu fracaso. Aprende de los fuertes y grandes, de los valientes, imita a los audaces y a los ganadores, a quienes vencieron a pesar de todas las adversidades y obstáculos. Piensa menos en tus problemas, más en tu trabajo y tus problemas nunca serán más grandes que Dios y tú.

3. Aprende a vencer el dolor y ser más grande que los problemas:

Mírate en el espejo de ti mismo. Comienza a ser sincero contigo mismo, reconociéndote por tu valor, tu voluntad y tu debilidad para justificarte. Recuerda que dentro de ti hay una fuerza que todo puedes hacerlo. Al reconocerte a ti mismo serás más libre y fuerte y dejarás de ser un títere de las circunstancias, porque tú mismo eres tu destino. Levántate, mira las montañas, respira el aire y ve la luz del amanecer; disfruta de los arroyos, los ríos, de los pájaros y los mares. Tú eres parte de la fuerza y la vida; ahora despierta, camina y lucha. Decídete y triunfarás en la vida y serás un vencedor.

Nunca pienses en la suerte, tú eres tu propio triunfo con Dios. Confía en Él y en ti mismo y sigue hacia la victoria. Sí podemos.

4. El poder del amor de Dios:

Llenos de su amor podemos sobrellevar el dolor, disipar el temor, perdonar libremente, evitar la contención, renovar la fortaleza, bendecir y ayudar a los demás y aún más.

¿Por qué el verdadero amor conmueve todo corazón? ¿Por qué la frase sencilla "te quiero, te amo" produce en todos tal alegría? Responder al verdadero amor es parte de nuestro ser verdadero; llevamos en nuestro interior el deseo de experimentar aquí en la Tierra el amor que sentimos por nosotros mismos y los demás. Sólo si sentimos el amor de Dios y llenamos nuestros corazones de su amor podemos ser realmente felices y compartir lo que el Señor nos da en todo momento.

El amor de Dios llena la inmensidad del espacio de vida; por lo tanto, no hay escasez de amor en el Universo, sólo hace falta nuestra disposición para hacer lo que sea necesario para sentirlo. Para lograrlo, Jesús explicó que debemos amar al Señor con todo nuestro corazón, alma, fuerzas y mente, y a tu prójimo como a ti mismo.

"Aquel, respondiendo, dijo: Amarás al Señor tu Dios con todo tu corazón, y con toda tu alma, y con todas tus fuerzas, y con toda tu mente; y a tu prójimo como a ti mismo".

Reina Valera, 1960, Lucas 10:27.

Cuanto más obedezcamos a Dios mayor será nuestro deseo de ayudar a los demás; cuanto más ayudemos a los demás, amaremos más a Dios, y así sucesivamente. Y a la inversa: cuanto más desobedezcamos a Dios, seamos egoístas, altivos, orgullosos y le hagamos daños a los hijos de Dios, menor será el amor que sintamos por Él.

Tratar de encontrar el amor perdurable sin obedecer a Dios es como tratar de saciar la sed al beber de un vaso vacío; se cumple con las formalidades, pero la sed no se quita. De igual forma, tratar de encontrar el amor sin ayudar a los demás, ni sacrificarse por ellos, es como tratar de vivir sin comer; va en contra de las leyes de la naturaleza y es imposible. No podemos fingir el amor; éste debe formar parte de nosotros con transparencia. La caridad es el amor puro de Dios reflejado en su hijo Jesucristo y en ti; debe permanecer para siempre en nosotros.

Conclusión

El propósito de este libro es que cada persona conozca la importancia del servicio, obediencia y dedicación a Dios para llegar a donde Él quiere llevarnos. Debemos saber y reconocer con toda seguridad que fuera de Él no hay nada, así como aprender a quitar actitudes y todo lo que nos pasó, desde adentro hacia afuera, y seguir a la meta sin temores que no son de edificación y bendición en nuestra vida. Somos alma, cuerpo y espíritu y todo se tiene que cuidar.

Si todos nosotros entendiéramos lo que realmente significa servir, obedecer y ser fiel a Dios, podríamos ver más claramente la visión y el propósito que el Señor nos tiene al final del camino lleno de victoria. Amén.

"Mis ojos pondré en los fieles de la tierra, para que estén conmigo; el que ande en el camino de la perfección, este me servirá".

Reina Valera, 1960, Salmos 101:6.

El único camino establecido por Dios para llegar al final de una vida libre de ataduras, sin preocupaciones y temores, es dejarle todo al Señor y buscar siempre su rostro. Eso significa una regeneración total en nosotros. Cuando invocamos al Señor con acción de gracia podemos estar confiados que Él caminará a nuestro lado y que será una ayuda presente durante toda la vida. También tendremos la seguridad de que Él nos llevará bajo la sombra de sus alas, nos esculpirá en la palma de sus manos y cuidará de nosotros como la niña de sus ojos. ¡Qué hermoso! Dios les bendiga. Amén.

"Guárdame como a la niña de tus ojos; escóndeme bajo la sombra de tus alas".

Reina Valera, 1960, Salmos 17:8.

La luz admirable

Lo primero que Dios creó fue la luz, para que por medio ella pudiésemos ver sus obras y su gloria en ella. La luz es la gran belleza y bendición del Universo. En la nueva creación lo primero que se produce en el alma es la luz; el Espíritu Santo cautiva la voluntad y los efectos de la luz, por medio de la iluminación de nuestro entendimiento. Las luces del cielo brillan para nosotros y están hechas para servirnos y lo hacen fielmente, pues brillan a su tiempo sin fallar. Nosotros estamos puestos como luces en este mundo para servir a Dios y la humanidad. Hoy esa es mi vida con Él, después de que un día Dios me regresara de la muerte a la vida. ¿Cómo? Estuve muy grave; perdí el 65% de mi sangre y me fui de este mundo para tener un encuentro con el Señor en la eternidad, fue algo inexplicable. Mi cuerpo se quedó en la camilla, mi espíritu y mi alma subieron al cielo. Fue una experiencia maravillosa y llena de bendiciones, es por esa razón que hoy estoy compartiendo parte de mis experiencias, vivencias, testimonios y bendiciones con ustedes. De allí proviene el nombre del libro: "Iluminación de mi camino". Y fue así como vi el camino al cielo (un jardín hermoso) rodeado de luces y ángeles inmensos y resplandecientes, demasiado lindo. ¿Se da cuenta que somos hechura suya y que estamos aquí en la tierra con propósitos?

¿Ahora qué piensa hacer usted con su vida? ¿Respondemos de igual manera al objetivo de nuestra creación? ¿Estamos encendiendo las lámparas de nuestro dueño al Dios Todopoderoso, pero hacemos caso omiso de la obra de nuestro Señor y su amor?

"Guárdame como a la niña de tus ojos; escóndeme bajo la sombra de tus alas".

Reina Valera, 1960, Salmos 17:8

Debemos olvidar el pasado, desde la niñez hasta este día, y comenzar una nueva vida llena de poder, fe, gracia, bendiciones y retos con nuestro Señor.

"Bendice, alma mía, a Jehová, y no olvides ninguno de sus beneficios. Él es quien perdona todas tus iniquidades, el que sana todas tus dolencias; el que te rescata del hoyo tu vida, que te corona de favores y misericordias; el que sacia de bien tu boca de modo que te rejuvenezcas como el águila".

Reina Valera, 1960, Salmos 103: 2-5.

Dios los bendiga.

SALMO 34

Bendeciré a Jehová en todo tiempo;
su alabanza estará de continuo
en mi boca.

En Jehová se gloriará mi alma;
lo oirán los mansos, y se alegrarán.
Engrandeced a Jehová conmigo,
y exaltemos a una su nombre.

Busqué a Jehová, y el me oyó,
y me libró de todos mis temores.
Los que me miraron a él
fueron alumbrados,

y sus rostros no fueron avergonzados.
Este pobre clamó, y le oyó Jehová,
y lo libró de todas sus angustias.
El ángel de Jehová acampa
alrededor de los que le temen,
y los defiende.

Gustad, y ved que es bueno Jehová;
Dichoso el hombre que confía en él.
Temed a Jehová, vosotros sus santos,

pues nada falta a los que le temen.
Los leoncillos necesitan,
y tienen hambre; pero
los que buscan a Jehová no
tendrán falta de ningún bien.

Venid, hijos, oídme;
el temor de Jehová os enseñaré.
¿Quién es el hombre que desea
vida, que desea muchos días
para ver el bien?

Guarda tu lengua del mal,
y tus labios de hablar engaño.
Apártate del mal, y haz el bien;
busca la paz y síguela.

Los ojos de Jehová están
sobre los justos, y atentos
sus oídos al clamor de ellos.
La ira de Jehová contra los
que hacen mal, para cortar
de la tierra la memoria
de ellos.

Claman los justos, y Jehová oye,
y los libra de todas sus angustias.
Cercano está Jehová a los
quebrantados de corazón;
y salva a los contritos de espíritu.

Muchas son las aflicciones del justo,
pero de todas ellas le librará Jehová.
Él guarda todos sus huesos;
ni uno de ellos será quebrantado.

Matará al malo la maldad,
y los que aborrecen al justo serán
condenados. Jehová redime
el alma de sus siervos, y
no serán condenados cuantos
en él confían.

Bibliografía

Ferguson, S.B., Wright D.F., Packer, J.I. (1988). Nuevo Diccionario de Teología. Casa Bautista de Publicaciones: México.

Henry, M. (2017). Comentario Bíblico Matthew Henry. Colombia: Clie.

Maldonado, G. (2003). La Generación del Vino Nuevo. GM Ministries: Estados Unidos.

Vila, S. Escuain, S. (2013). Nuevo diccionario bíblico ilustrado. Colombia: Clie.

Willmington, H.L. (2001). Compendio Manual Portavoz. Estados Unidos: Editorial Portavoz.

Biblia de Estudio de la Vida Plena. (2009). Docplayer. https://docplayer.es/20520811-Biblia-de-estudio-de-la-vida-plena.html

RVR1960 Biblia Reina Valera 1960. (1960). Mybible. https://my.bible.com/es/bible/149 GEN.1.RVR1960

Agradecimiento

Estoy agradecida con mi Dios por confiar y creer en mí, y con el Espíritu Santo por guiarme y darme la bendición de escribir este libro. Más que un relato es un sueño que Él hizo realidad en mi vida; es una exhortación, reflexión y orientación para aquellas personas que todavía se encuentran perdidas y sin saber qué hacer con sus vidas ni cómo salir de la oscuridad, los problemas y afanes de este mundo. Hoy les quiero decir que aún hay tiempo para todo y rectificarse con Dios. Todo lo podemos con Dios que nos fortalece y nunca es tarde; Él nos ama demasiado para que sigamos perdidos y sin saber a dónde vamos. ¡Recuerda! Sólo Él es el camino, la verdad y la vida, fuera de Él no hay nada. ¡Búscalo y encuéntrate a ti mismo!

www.ingramcontent.com/pod-product-compliance
Lightning Source LLC
Chambersburg PA
CBHW052114090426
42741CB00009B/1800